立花龍司が教える「ゴールデンエイジ・トレーニング」

運動神経は10歳で決まる！

コンディショニング・ディレクター
立花 龍司 著
阪堺病院副院長・整形外科部長
大木 毅 監修

マキノ出版

まえがき

近年、スポーツの世界に「ゴールデンエイジ」という考え方が広まっています。ゴールデンエイジとは、主に小学生の年代にあたる子供たちを指すもので、この時期の運動への取り組み方は将来に大きな影響を及ぼします。

ゴールデンエイジの基本的な考え方とは、「この時期に獲得した運動神経は、大人になったときの運動神経とほぼ同じ」というものです。つまり、いま20歳の人の運動神経は、10〜12歳のころにすでにつくられていたというわけです。自分の運動神経が子供のときに出来上がっていたと思うと、恐ろしくなってこないでしょうか。

将来、わが子をプロのスポーツ選手やトップアスリートにしたいと思う親御さんはたくさんいることでしょう。「運動神経は子供のうちに決まる」と聞いて、なかには「さっそく専門の少年チームに入れてビシビシ鍛《きた》えよう」と考える人もいるかもしれません。

しかし、ちょっと待ってください。実は、その考え方はゴールデンエイジの考え方とは相反するものなのです。

ゴールデンエイジは、飛んだり跳ねたり、走り回ったりすることで、いろいろな体の動かし方を身につけるのにピッタリの時期です。そうやって体を動かすことで、脳の中に運動神経の回路がつくられ、その回路をつなぐための配線作業を行っているのです。そんな時期に一つのスポーツだけを専門的にやらせるのは、神経回路をつくり配線を伸ばすことにとってはマイナスです。ゴールデンエイジの子供たちには、とにかくいろいろな運動をさせることが重要なのです。

ただし、子供たちに「将来のためだからいろいろな運動をしろ」といっても、そっぽを向かれてしまうでしょう。年端もいかない子供が「将来のため」といわれても、ピンと来ないのは当然です。

それでは、どうすればよいのでしょうか。キーワードは「遊び」です。子供は好きなもの、おもしろいものには熱中し、すばらしい集中力を発揮します。昭和30年代、40年代の子供たちは、鬼ごっこや木登り、メンコ、石蹴りなど、屋外での遊びを通して、無意識のうちに運動神経を発達させていました。住宅事情や社会情勢が違う現在、「外で遊びなさい」というのはむずかしいかもしれません。しかし、工夫次第では、屋内の遊びでも運動神経を発達させることはじゅうぶんに可能です。

私は国内外のいくつものプロ野球チームをへて、現在は東北楽天ゴールデンイーグルスでコンディショニング・ディレクターを務めています。本書は、そんな私の経験とゴールデンエイジの考え方を基に、2～12歳の子供たちの運動神経の発達にピッタリのドリルやトレーニングを解説したものです。

親御さんや指導者の方々には、この本を参考にしていただき、楽しく安全に子供たちの運動神経を培《つちか》ってほしいと思います。そして、スポーツが楽しくてしようがないという子供たちがふえ、そのなかから1人でも、世界中のスポーツファンに感動を与えられるアスリートが育つことを願っています。

2006年4月

立花龍司《たちばなりゅうじ》

運動神経は10歳で決まる! 目次

装幀・本文デザイン＝ちばさとし
装画＝岡田航也
撮影＝富田浩二（カバー、帯）
イラスト＝竹口睦郁
図表作成＝田栗克己、高木佳子
企画協力＝（株）スポーツビズパートナーズ　岡泰秀

第1章

20歳のときの運動神経は
10歳のときの運動神経と同じ

◆カエルの子はカエルではない

野球というスポーツの世界に身を置く私は、トップ・プロから子供まで、さまざまな年代のスポーツ選手に接しています。プロにはプロの、高校生には高校生なりの目標があり、子供たちには大きな夢があります。また、スポーツをしている子供の親御さんは、子供に負けないくらいの夢を持っている場合も少なくありません。

しかし、まれにですが、親御さんから「どこまでいってもカエルの子はカエル」といった意味の、愚痴《ぐち》とでもいうべき言葉が聞こえてくることがあります。ご存じのように、「カエルの子はカエル」ということわざには、「凡人の子は凡人」という意味があります。確かにそういうケースも多いようですが、「カエルがカブトムシになる」ということわざもあります。ならば、カエルの子がカブトムシになる可能性もあるはずです。

現在、スポーツ界で活躍している選手を見てみましょう。野球のイチロー選手や松井秀喜《まついひでき》選手、松坂大輔《まつざかだいすけ》選手、サッカーの中村俊輔《なかむらしゅんすけ》選手、フィギュアスケートの浅田真央《あさだまお》選手などは世界的なアスリートといえます。しかし、彼らのご両親はスポーツ音痴《おんち》ではないにせよ、競技者として大きな記録を残してはいません。スポーツ好きのごく普通のご両親といってよいでしょう。しかし、そんなご両親から世界的なスーパーアスリートが生まれているのです。

実は、ヒトの運動能力に関する両親からの遺伝的因子は、たったの10%しかありません。残りの90%は後天的なもので、成長の過程における環境と、運動への取り組み方で、カエルの子はカエルにもカブトムシにもなるのです。私はいま、「残りの90%」といいましたが、90%は後天的なもので、残りの10%だけが遺伝的因子といい換えることにしましょう。

90%もの開発の余地があるということは、子供たちには無限の可能性があるのです。「カエルの子はカエル」と思わずに、子供たちの可能性を大きく伸ばしてください。

◆運動神経とは何か

ここに同じ年ごろの子供が2人いるとします。それぞれとキャッチボールをしたとして、A君は体の正面をそれたボールやフライ、ワンバウンド、ショートバウンドと、ボールの変化に応じて体を動かしてキャッチできます。一方、B君は体の正面に来たボールは捕れても、フライやショートバウンドがなかなかうまく捕れません。

一般的にどちらが運動神経がよいといわれるかというと、もちろん、A君です。たとえB君の体がすごく大きかったり、疲れ知らずだったり、A君より重い物を持てたりしたとしても、運動神経という点からは、やはりA君に軍配が上がるでしょう。

このように、運動神経とは筋力や持久力がすぐれていることではなく、目や耳、皮膚など体の感覚を使って、状況に応じ体をスムーズに動かせる能力、すなわち、「すばしっこい」や「身のこなしがよい」といった言葉で表せるような能力のことをいいます。B君がもし、大きな体ですばしっこければ、A君に負けないくらいの運動神経があると評価されるでしょう。

ちなみに、解剖学的にいうと、ヒトの体に「運動神経」という神経は存在しません。上記のような能力に長《た》けていることを俗に「運動神経がよい」といっているのです。

一般的にスポーツテストでは、運動能力を「筋力」「持久力」「柔軟性」「敏捷性《びんしょうせい》」など四つの分野に分けて測定します。どれか一つだけが群を抜いてすぐれている子供もいますが、持久走が速いだけでは「運動能力が高い」とはいいません。四つの要素をうまくコントロールする能力が運動能力なのです。体力と運動能力は別物だということを認識してください。

さて、図1-1は、文部科学省が行った「体力・運動能力調査」の結果をグラフにしたものです。50メートル走も立ち幅跳びも、ソフトボール投げも、昭和58年の子供に比べて平成16年の子供のほうが、男女とも記録が下がっています。さらに、12ページの図1-2を見ると、現在30歳代で親の世代にあたる人たちが子供のころの

図1-1　昭和58年と平成16年の子供の体力・運動能力の変化

◎50メートル走（男子）

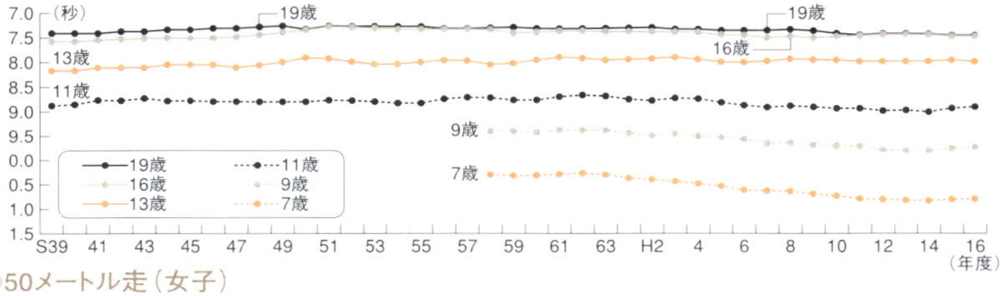

◎50メートル走（女子）

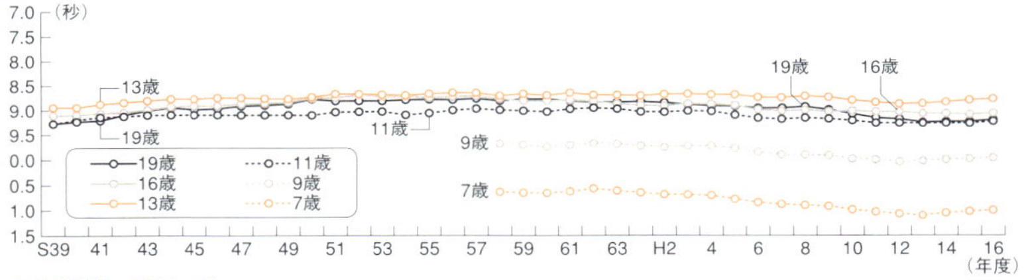

◎立ち幅跳び（男女）

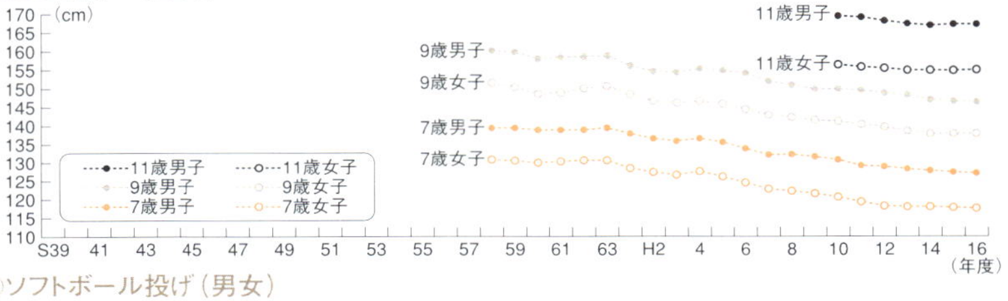

◎ソフトボール投げ（男女）

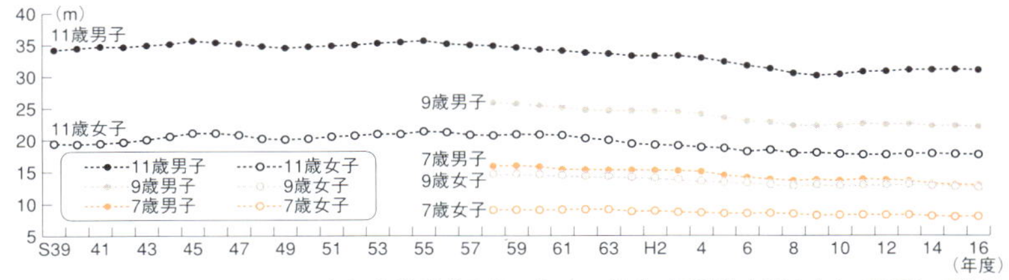

※文部科学省「平成16年度の体力・運動能力調査」より引用して改編

図1-2　昭和47年と平成14年の子供の体力・運動能力の変化

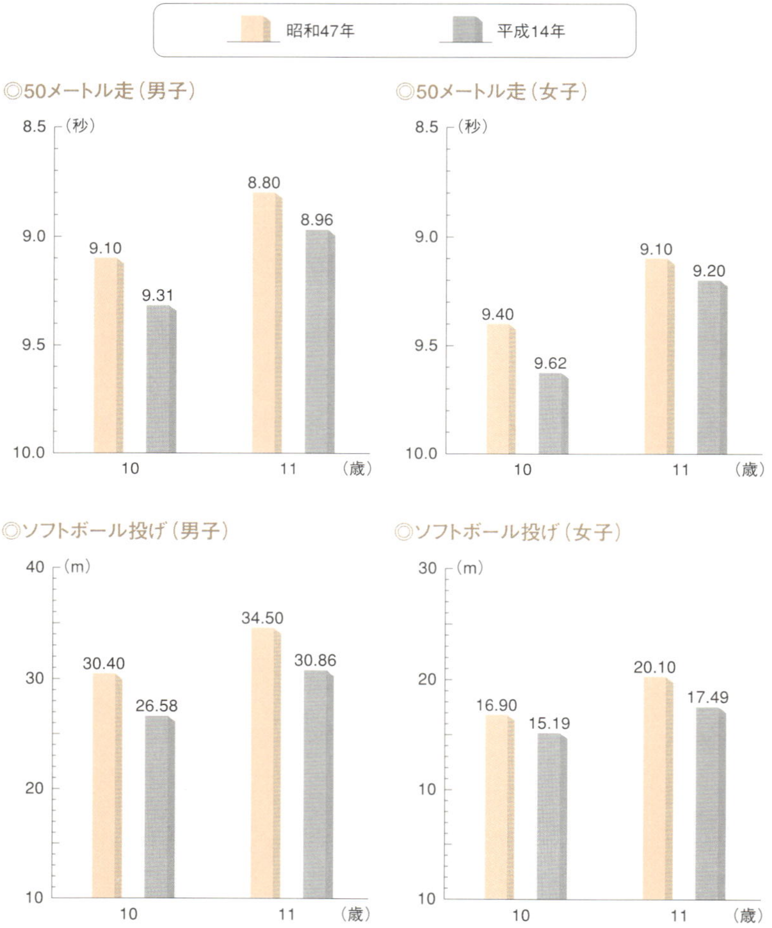

※文部科学省「平成14年度の体力・運動能力調査結果」より引用して改編

記録（昭和47年）と平成14年とを比較すると、その差は歴然としています。

体力・運動能力は運動神経とまったく同じものではありません。しかし、体力・運動能力が落ちているということは、運動神経も発達していないと考えることも可能でしょう。身長は親の世代を上回っているのに、図1-1のように体力・運動能力が低下していることを考え合わせると、現代の子供たちの体力・運動能力は危機的状況にあるといってよいでしょう。

◆運動神経は脳と筋肉をつなぐ回路

年をとってから自転車で坂を登るのはとてもつらいものです。また、ペダルをこぎっぱなしで5キロも6キロも走ることは簡単ではありません。

これは加齢による筋力や持久力が低下した結果です。ふだんから自転車に乗って坂を登ったり長距離を走ったりしていなければ、筋力や持久力は低下してしまいます。

しかし、年をとっても自転車に乗ることはできます。これは運動神経のおかげです。つまり、筋力や持久力は鍛《きた》えなければ衰《おとろ》えますが、運動神経は一度身につければ、衰えることはないのです。

その秘密は脳にあります。私たちは、脳からの命令が神経を伝わって筋肉を動かすことで運動しています。運動といっても飛んだり跳ねたりだけではなく、立ったり座ったり歩いたりと、日常の動作すべてがこの仕組みで行われています。

体を動かすというのは、常に脳と筋肉で情報のやりとりをしていることで、脳と筋肉とをつないでいるのが運動神経の回路なのです。ですから、一度自転車に乗るという回路ができれば、何年、何十年たってもその回路はとぎれることなく、自転車に乗るという運動が行えるというわけです。

その運動神経の回路がどんどんふえていくのが、10歳、あるいは12歳ごろまで、つまり小学生までの時期です。図1-3は「スキャモンの発達曲線」といわれるもので、どんな年代にどんな能力が発達するのかを表したものです。これを参考にすると、神経系統は5歳ごろまでに約80%が出来上がり、12歳でほぼ100%、つまり大人と同じになります。

また、図1-4は東京大学教育学部体育学講座の宮下充正《みやしたみつまさ》教授が、1981年に発表した子供の能力別の発達の程度を示したものです。スキャモンの発達曲線同様、5〜18歳のどの年代でどんな能力が伸びるのかが示されており、神経系の代表として反応時間をA、持久力の代表として肺活量をB、筋力の代表として握力をCの実線で表しています。

図1-3　スキャモンの発達曲線

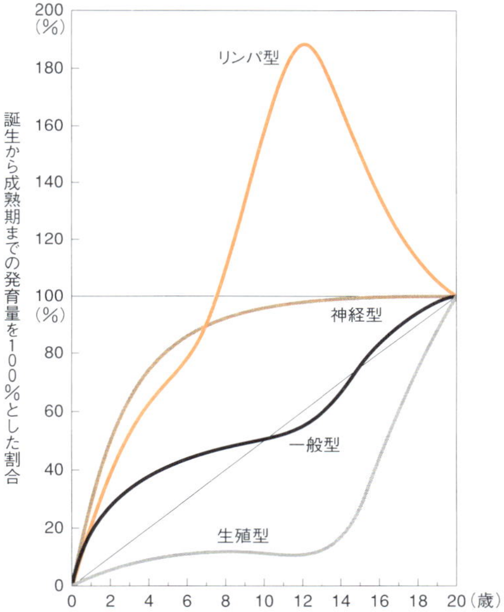

図1-4　年齢による能力の発達量の変化

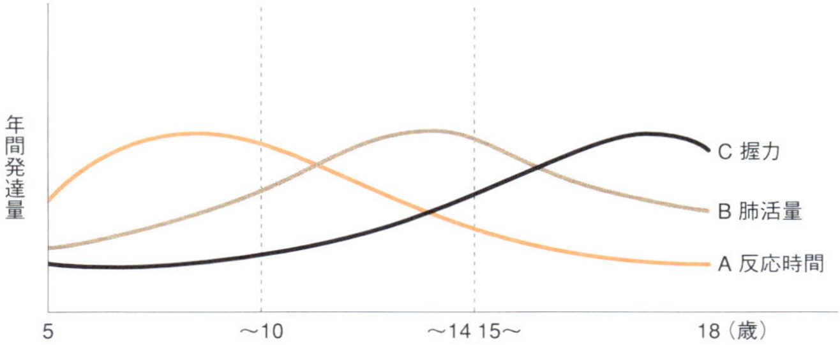

図を見ると、10歳までは神経系の代表である反応時間のAが著《いちじる》しく伸び、その後、10〜15歳ごろにかけて持久力の代表である肺活量のB、12〜17歳にかけては筋力の代表であるCの握力が伸びています。

どちらの図からも、神経系が最初に発達し、その後、時期をずらして持久力、筋力の発達することがわかります。

この神経系が伸びる時期を、スポーツの世界では「ゴールデンエイジ」と呼び、近年、この時期をどう過ごすかで、その後の子供の運動能力に大きく差が出ると注目が集まっています。

◆体への刺激で発達する運動神経

妊娠中、おなかの赤ちゃんにクラシック音楽を聴かせると胎教《たいきょう》によいといいます。ことの真偽はともかく、赤ちゃんは生まれた直後、まだ目が見えないころでも音には反応します。これをきっかけに、神経系がどんどん発達し、3歳のころには大人と変わらない数の神経細胞が出来上がるといわれています。

3歳というと、もう立って歩くことはもちろん、跳ねたり早足ができたりする年齢です。しかし大人のようにできないのは、まだ生まれて3年という短い期間しかたっていないため、いろいろな運動をすることで受ける刺激が少ないからです。

5〜6歳にもなると、走ったり跳んだり、投げたり蹴ったりといった、運動の基本ができるようになりますが、まだまだ動きがおぼつきません。これも刺激の回数が大人に比べて圧倒的に少ないからです。

このように、神経細胞は刺激によって発達し、運動神経の回路はその刺激の数によって配線の進み具合が違ってくるのです。

刺激の数といっても2回や3回ではもちろんなく、10回、20回でもありません。日常におけるすべての情報や動作が刺激となって、子供たちの運動神経の回路をつくっています。

刺激は目や耳、口、鼻、皮膚など、すべての感覚器官で受け取り、脳に送られます。しかし、いくらサッカーの試合をテレビで見せても、ボールを蹴れるようにはなりません。ボールを蹴るという動作は、体を動かすという運動刺激によってしか身につかないのです。

同様に、人が走る絵を見せただけでも走れるようにはなりません。投げる、捕る、打つ、跳ぶといった運動も、目や耳からの刺激ではできるようにはならないのです。

子供にとって大切なことは、とにかく体を動かすことです。もちろん、イメージトレーニングは大切ですが、それが必要になるのは、まだずっと先の話です。

◆昔の子供は遊びのなかで運動神経を鍛えていた

現在40歳代の大人が子供だった、昭和30〜40年代は、日本、とくに都市部で大きな変化がありました。高度成長期というもので、ビルがどんどん建ち、高速道路や宅地開発で空き地がしだいになくなっていきました。とはいえ、現代と比べれば空き地はまだまだあり、学校の校庭も開放され、住宅地の道を車がひっきりなしに行き交うということはありませんでした。

そんな環境の中で、子供たちはいろいろなことをして遊んでいました。鬼ごっこに缶蹴り、凧《たこ》揚げ、ケン玉、ベーゴマ、メンコ、石蹴り、ケンケンパ、ゴム跳び、竹馬、縄相撲……。ことさら屋外の遊びだけを取り上げたつもりはありません。私もその時代に子供でしたが、どう思い返してみても、家の中での遊びが思い出せないのです。女の子はお人形遊びをしていたかもしれませんが、ほとんどの男の子は、学校から帰って来るとランドセルをほうり出し、すぐに外へ飛び出していったものです。

子供にとってはただの遊びですが、実は運動神経の発達という点からは、重要なドリルになっています。鬼ごっこの場合、鬼は相手がどの方向に逃げようとしているのかを素早く判断し、瞬時に体の向きを変えて追いつかなければなりません。それには反応能力やバランス能力、相手との距離を測る目の能力が必要になります。

ケン玉やベーゴマは道具を巧《たく》みに操《あやつ》る能力、竹馬は手足を連動させる能力が身につきます。全身を使う遊び、手先が器用になる遊び、投げる遊び、蹴る遊び、リズムやバランスが要求される遊びと、遊びの一つひとつが、子供たちの運動神経を自然と鍛えていました。

また、近所には子供がたくさんいたので、さまざまな年代の子供たちがいっしょになって遊んでいました。年上の子供は年下の子供に対して力の使い方を加減します。反対に年下の子供は、年上の子供に思いきりぶつかっていきます。それにより、年上の子供は力の大きさやスピードを調節し、年下の子供は力を出すコツを学ぶことができました。

現在の子供たちはどうでしょう。家に帰ってランドセルをほうり出すのは同じかもしれません。しかし、すぐにコンピュータやテレビをつけてゲームを始めるのではないでしょうか。友達を呼ぶのも、以前は走っていったものですが、いまは携帯メール。まだまだ空き地や自然が残っている都市の郊外や地方でも、子供たちが屋外で遊ぶ機会は少なくなっています。

ゲームや携帯電話を使うと手先は器用になりますが、体はまったく動かしません。運動神経や体力は、ゲームの中のキャラクターが子供に代わって鍛えているようなものです。

確かに、昭和40年代と現在では、子供たちを取り巻く環境が大きく違っています。空き地はなくなり、防犯上、学校の校庭は開放されていないケースがほとんどでしょう。子供の数も少なくなり、ふえたのは路地にまで入り込んでくる車という状況です。

そんな時代ですから、子供たちに「外で遊んでこい！」というのは無理かもしれません。しかし、子供自体は昔もいまも同じです。遊びたくてしようがない子供たちと、ゲームをするのではなく、いっしょに遊んで体を使うことの楽しさを教えてあげてください。

◆ゴールデンエイジとプレ・ゴールデンエイジ

ゴールデンエイジの時期は、研究者それぞれで微妙に考え方に違いがあります。しかし、おおむね小学校の年代、つまり12歳くらいまでの時期と考えてよいでしょう。

このゴールデンエイジの期間もいくつかの年代に分けられ、それぞれの年代で運動神経の発達の度合いや特徴が違います。私は、小学3年生（9歳）くらいまでを「プレ・ゴールデンエイジ」とし、小学4～6年生（10～12歳）くらいまでを「ゴールデンエイジ」と呼んでいます。なお、プレ・ゴールデンエイジは、園児まで（2～6歳）と小学1～3年生（7～9歳）の二つに分けています。

図1-5　ゴールデンエイジの年齢区分

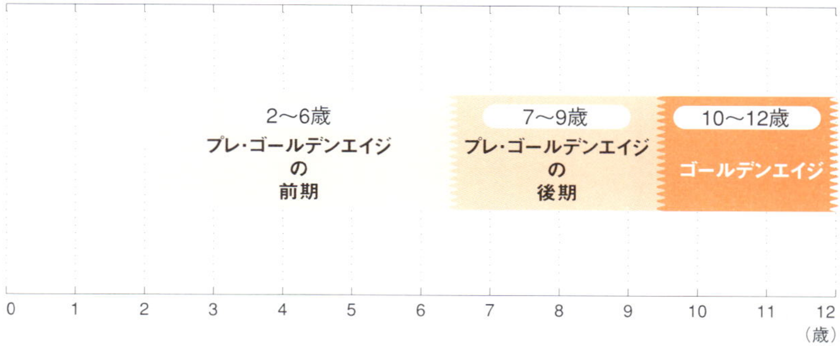

プレ・ゴールデンエイジの時期は、神経系が著しく発達する時期です。一つの動作で一つの神経回路がつくられるというくらい、神経回路の配線がものすごい勢いで進みます。運動神経の基礎はこの時期につくられるため、できるだけ多くの種類の運動や動作を経験させ、神経回路の数をふやすとともに、それらを複雑に張りめぐらせることが重要です。

多種多様な運動や動作を経験させることで、基礎づくりが多面的になります。そして、多面的な基礎があれば、成長して何か一つのスポーツを選択したときに、専門的な技術を早く覚え、高いレベルで発揮することができます。

この時期はとにかく吸収力と好奇心が旺盛《おうせい》です。したがって、一つのことに信じられないほどの集中力を見せますが、その集中力は長続きせず、新しいものに興味を移しがちです。これは、彼らが神経回路にさまざまな刺激を与え、配線をふやしていこうという本能の現れなのです。また、楽しそうなことや興味のあることには熱中しますが、つまらないと感じればすぐにやめてしまいます。そもそも興味のないものには手を出しません。

したがって、この「楽しければ集中する」「飽きっぽい」という特徴を知ったうえで、親が考えた楽しいドリルをやらせたり、子供が興味があるものをうまくドリル化したりして楽しませることが重要です。ドリルとはトレーニングではありません。親がドリルを考える場合、あくまでもそれは「遊び」でなくては、子供たちは興味を持ってくれません。

プレ・ゴールデンエイジの後半、小学校に上がってしばらくは、運動神経の伸びが停滞する時期があります。しかし、これは運動神経の伸びが止まったのではなく、それまでに「遊び」で養った動きの一つひとつを自分の脳と体にきざみ込んでいるのです。あせらず、あきらめず、蝶がサナギの殻《から》を破るまで、さまざまなフォローをしてあげてください。

ゴールデンエイジの時期は、神経系の発達が完成に近づきます。この時期は一生の中でも最も運動神経が発達し、運動能力も急速に

子供は遊びを通じて運動神経を鍛えている

向上します。運動習得のクライマックスの時期といえるでしょう。

いろいろな物事を短時間の間に覚えられる「即座の習得」が備《そな》わり、環境の変化に応じて行動を変えられる「可塑性《かぎやくせい》」と呼ばれる、脳・神経系の柔らかい性質も残しています。ですから、さまざまな動作や運動を経験させつつ、子供が興味のあるスポーツの専門的な技術を習得するにも絶好の時期です。

ただし、筋力や持久力などの体力面は未発達なため、パワーやスピードはまだまだつきません。したがって、パワーやスピードを要求するのではなく、大人になったときに財産になる技術を身につけることが重要です。

このゴールデンエイジの時期にチャンピオンやスーパースターがつくられるといっても過言ではありません。しかし、即座の習得という一生に一度の能力は、プレ・ゴールデンエイジでさまざまな運動・動作を経験し、多様で複雑な神経回路をつくり上げた場合のみに現れます。つまり、プレ・ゴールデンエイジでの基礎づくりが非常に重要になってくるわけです。

◆レンガの基礎を積み上げて運動神経を伸ばす

どんなものにも基礎になる土台は必要です。家を例にとっても、まずは地面を掘り、コンクリートで基礎を造ってから柱や梁《はり》を造ります。小さな家でもビルでも基礎が必要なのはいっしょですが、違うのは小さな家の基礎とビルの基礎の堅牢《けんろう》さです。

小さな家を建てたいのなら小さな基礎でもよいでしょう。しかし、大きくて高いビルを建てたいのなら、それに見合った大きな基礎が必要です。小さな基礎の上でもビルは建つかもしれませんが、それはいつかくずれてしまいます。

家やビルをスポーツ選手と考えた場合、そこそこの選手でよいのなら、それほど基礎を大きくする必要はありません。しかし、トップアスリートやスーパースターを育てたいのなら、大きな基礎をつくらなくてはなりません。

ただし、大きな基礎でも、コンクリートに水がいっぱい入っているようないい加減なものでは、小さな基礎以上に役に立ちません。大きさも大切ですが、その質が堅牢か否《いな》かにも心を配らなければならないのです。

スポーツ選手の基礎をつくる場合、その材料はコンクリートではなくレンガだと考えるとよいでしょう。レンガ一枚一枚が運動神経の回路と考えてください。しかし、レンガを並べただけでは基礎として役に立ちません。運動神経の回路が配線によってつながるように、並べたレンガの隙間《すきま》をセメントでつなぐことが必要です。

そこであせってセメントが乾かないうちにレンガを積み上げるとどうなるでしょう。それぞれのレンガがまだしっかりつながっていないので、次のレンガを積むとズレやゆがみが生じます。レンガを並べてセメントで隙間をふさいだら、それが乾くまで次の作業は行わないのは当然です。

このように、あせらずにセメントが乾くのを待ち、レンガを無数に用意して広くて分厚い基礎を造り上げることが必要です。その上になら、どんなビル、つまり、どんなスポーツ選手でもつくることは可能です。

◆いろいろな遊びや運動で「元気な子」を育てよう

昭和30〜40年代の子供たちは、家の外で行ういろいろな遊びを通して自然に運動神経を鍛えていた、という話をしました。当時の子供たちは、そこで養われた運動神経を基礎に、小学校高学年なら少年野球チームやサッカークラブ、中学に入ってからは部活動という形でそれぞれのスポーツを選び、「レギュラーになりたい」あるいは「プロになりたい」と励《はげ》んでいました。

ただし、そのころは、イチローや中田英寿のように世界的なスーパースターは生まれませんでした。野球は国内プロが最高峰で、サッカーは日本リーグという企業スポーツだった影響もあるでしょう。また、オリンピックなどでも、昭和30〜40年代の子供が10代後半〜20代後半になる昭和50〜60年代は、どの競技も低迷期が続きました。

これは、基礎の上に積み重ねるべき科学的なトレーニングの分野で、アメリカや当時のソ連、東欧諸国に後れをとっていたからだと考えられます。

現在の日本のスポーツ界は、プロ化が進み世界への扉も開いたうえに、科学的トレーニングもきちんと行われています。

ところが、欧米に追いつけ追い越せと科学トレーニングに目を向けている間に、欧米ではゴールデンエイジの重要性に早々と気がつき、その年代の強化を行っていたのです。基礎がしっかりしているうえに科学的トレーニングを積めば、鬼に金棒です。

反対に日本では、ゴールデンエイジの時期にテレビゲームに熱中していたり、運動をしていても昔ながらのスパルタ式トレーニングによるケガや精神的挫折《ざせつ》で選手生命を絶たれたりするケースが後を絶ちませんでした。

最近になって、ようやくゴールデンエイジの重要性に気がつき、日本のスポーツ界はこぞってその年代の育成を開始しました。その成果は、ゴールデンエイジの重要性に早く気づき、子供のころから基礎をきちんとつくった選手の育った体操競技に現れました。男子体操チームは、2004年に行われたアテネオリンピックで28年ぶりに団体金メダルを獲得したのです。

子供のころは、いろいろな遊びを通してこそ運動神経が発達します。しかし、あまりに早い時期からある特定のスポーツに取り組んでいては、発達する神経回路が限定され、ゴールデンエイジの彼らの特徴を生かし切れなくなります。早い時期に一つのスポーツをやったことが、彼らの可能性の芽を摘む結果になるのです。

住宅事情や社会情勢もあり、子供を遊ばせることはむずかしくなっています。しかし、幸か不幸か、子供の数はへり、1人の子供にかけられる経済的な余裕はふえているはずです。

また、幸いなことに、日本には春、夏、秋、冬の四季があります。それぞれの季節には、それぞれに適した遊びやスポーツ、運動があります。春にピクニックをすることや、夏に海や川で泳ぐこと、秋にクリ拾いに出かけてもよいでしょう。冬にはスキーやスノーボードがあります。

親が目さえ離さなければ、河原でのバーベキューなどは運動神経を鍛えるにはもってこいです。野球のピッチングやサッカーのシュートの練習と比べ、河原にある石の上をピョンピョンと跳んで回ることなどは、どれほど運動神経の発達に役立つかしれません。

近ごろの子供は、妙に“しょぼくれている”ような気がしてなりません。すり傷一つない子供なんて子供らしくないと思うのは私だけでしょうか。

「家でも外でも、もっと遊ぼう！」

これが私からの最大の提案です。

◆普遍の原則「スポーツは楽しい」

2006年2月、イタリアのトリノで冬季オリンピックが開催されました。なかでも期待を集めたのが、いまや世界一になった日本の女子フィギュアスケートの選手たちです。私がとくに注目したのは、オリンピックに出場した荒川静香《あらかわしずか》、村主章枝《すぐりふみえ》、安藤美姫《あんどうみき》の３選手に加え、恩田美栄《おんだよしえ》、中野友加里《なかのゆかり》、浅田真央《あさだまお》選手など日本のトップ・スケーターによる試合前後の言動です。

世界一を決めるグランプリ・ファイナルでも、トリノ代表を決める全日本選手権でも、彼女たちはいちように「楽しんで滑ります」「楽しめました」といいます。これを聞いて、私はメジャーリーグのニューヨーク・メッツのコーチ時代の出来事を思い出しました。

1997年のシーズン、メッツは絶好調でした。そしてあと一つ勝てばワイルドカード（プレーオフ進出決定戦）に出られるというところまでこぎ着けました。逆のいい方をすれば、その試合で負けるとワイルドカードには出られないという、せっぱつまった状況でもあったわけです。

そんな大一番は、私にとっては初めての経験です。試合中、私はベンチにいるしかないのにもかかわらず、ユニフォームに着替えたとたん、それまでに味わったことのない緊張感に襲われました。

一方、実際に試合をする選手たちはというと、ロッカールームでも、試合前の練習でも、いざ試合が始まろうというときでも、いつものように冗談をいい合って、緊張のかけらさえ見えません。

私は不思議に思って、「どうして緊張しないの？」と聞くと、驚くような答えが返ってきました。

それは「緊張だって？　なんで緊張しなくちゃいけないんだ？　これから野球が始まるんだぜ。子供のころ、明日は試合だと思ったら楽しくてワクワクしただろう？　それと同じじゃないか」というものでした。

彼らメジャーリーガーは、野球をするときは子供に戻れるのだそうです。つまり、野球が楽しかった子供時代の気持ちを、野球選手として頂点に立ってからも持ち続けているのです。

私も子供時代は野球が楽しくてしようがありませんでした。しかし、それは近所の友達と空き地で遊んでいたころのことです。守備につけば「オレのところに飛んでこい。長嶋選手みたいにプレーしてやるぞ」、攻撃になれば「早くオレに打順が回ってこないかなぁ」と思っていたものです。

それが、少年野球チームに入ってからは、「むずかしい打球が来ませんように」「フォアボールでもいいや」などと思うようになりました。これはミスをすると大人にしかられるためで、そのチームの野球が空き地での野球とはまったく違うものだったからです。

そのときのメジャーリーガーたちの言葉は、いまでもずっと心の中に大きく残っています。フィギュアスケートの選手たちの言葉を聞いたときに思ったことは、「種目は違えども、やっぱりスポーツって楽しいんだ」ということでした。

スポーツは楽しいからこそ継続できるもの

　彼女たちにはその気持ちをずっと持ち続けてほしい。いいえ、私が願わなくとも持ち続けてくれるでしょう。同様に、将来スポーツをやる子供たちにも、メジャーリーガーやフィギュアスケートの選手たちのように「スポーツは楽しいもの」という気持ちを養ってほしいと思います。

「スポーツ」という言葉は、もともと「気晴らし」や「遊び」という意味から始まりました。言葉の起源から考えても、とくに小学生までのスポーツは、遊びの域から出てはいけないといえます。

　ですから、大人は彼らに対して、スポーツ的な遊びや、遊び感覚でのスポーツという範囲で指導やサポートをしてあげてください。

コラム1

子供が選んだスポーツは子供が得意なスポーツ

山本郁榮《やまもといくえい》＝日本体育大学教授

長女の美憂《みゆう》は1974年生まれ。長男の徳郁《のりふみ》は77年、次女の聖子《せいこ》は80年と、3人は3歳ずつ違います。私は72年のミュンヘンオリンピックにレスリングの選手として出場しました。美憂はそのミュンヘンから名前をつけ、聖子が生まれた年にもモスクワオリンピックが開かれたため、聖火にちなんで聖子と名づけました。徳郁は私の「郁」の字をとり、さらに「徳」を得て父を超えてほしいという願いを込めています。

3人はそれぞれレスリングの選手になりました。これは私にとってとてもうれしいことです。というのも、私はレスリングを通して子供たちを育てたいと思っていたからです。

スポーツには主に手を使うものや足を使うものなど、体の一部を集中的に使う競技がたくさんあります。しかし、レスリングは手や足はもちろん、体のすべてを使う全身運動です。子供の成長にとっては、レスリングはたいへん役に立つスポーツなのです。

とはいえ、レスリングばかりをさせたわけではありません。幼稚園の年少から小学校低学年までは、美憂と聖子はバレエやフィギュアスケート、器械体操などをやり、徳郁は柔道やサッカーなどもやりました。

このように子供のころにいろいろなスポーツをやったことは、レスリングという一つのスポーツにしぼったときに、体の動かし方や技の習得という点で大いに役立ちました。それは、美憂と聖子が女子レスリングの世界チャンピオンに何度もなったことや、徳郁が大学王者になり、プロの格闘家としてすばらしい試合を見せることで証明されているといってよいでしょう。

ちなみに、3人ともレスリングを選んだわけですが、それは私が強制したのではなく、彼ら自身が選んだことです。子供とスポーツの関係で大切なのは、まずいろいろやらせてみて、その子の好きなものを選択させることです。できることはおもしろいことなので、子供はそのスポーツを選ぶでしょう。できるということはまた、そのスポーツに向いているということなのです。

また、そのスポーツをどれくらい続けられるかも大事です。それには、人にどう評価されるかも関係してきます。幸い、3人は子供時代、レスリングでほとんど負けたことがありません。これは、彼らが勝つことで人に評価されたことになります。

ただし、勝つことだけがよいわけではなく、負けたときにも、その試合でうまくできた動き、上手だった技をほめることも評価になります。ほめられると、子供はますますそのスポーツが好きになり、もっとうまくなりたいと思います。そして、自分の意志で練習し、結果的に成績がついてくるものです。

私は子供たちに好ききらいをつくらせませんでした。食べ物でも勉強でも友達でも、好きなものときらいなものがあると、スポーツをやったときに苦手意識ができてしまいます。食べ物の場合、子供がいやがる食材があると、妻においしく調理するようたのみました。すると、子供は「こう料理すれば苦手な食材でもおいしく食べられるのか」と思うわけです。これをスポーツに当てはめると、相手の選手をどう料理してやろうかと、自分のペースで攻めることを考えられるのです。

運動神経が伸びる時期の子供は、いろいろなスポーツや遊びをバランスよくやらせて、バランスよく体を使うことを覚えさせてください。それには、親や指導者にも心のバランス感覚が求められるのではないでしょうか。

【山本郁榮氏のプロフィール】

1945年、愛知県生まれ。日本体育大学入学後にレスリングを始める。全米選手権大会優勝、東ミシガン州立大学留学ののち、全日本選手権で3回優勝。72年、ミュンヘンオリンピック大会グレコローマンスタイル57キロ級7位。現役引退後はオリンピックコーチを歴任。子供たちと女性のためのレスリングクラブ「KRAZY BEE」を主宰する。長女・美憂と次女・聖子はともに女子レスリングの元世界選手権王者。HIRO'Sミドル級初代世界王者である長男・"KID" 徳郁は総合格闘技界のカリスマとして大ブレイク中。ヤマモト・スポーツ・アカデミー代表。日本体育大学スポーツ医学研究室教授。

第2章 2～6歳

元気な園児にするために親子で遊ぼう

◆乳児期の無理なスピードアップは禁物

ヒトは生まれてからの１年間で、ほとんど動けない状態から立って歩くという、驚くほど急速な発達をします。

初めは頭が左右に動き始め、生後2ヵ月ほどでその動きが体に伝わり、寝返りが打てるようになります。あおむけやうつぶせの状態から腹ばいの姿勢になり、頭と胸を上げてはいずり始めます。そして、6ヵ月ほどすると1人で座れるようになります。

8ヵ月ほどでハイハイを始め、手足を素早く動かすことでハイハイのスピードが速くなってきます。それと並行して何かにつかまって自分の力で立ち上がり、伝い歩きができるようになります。

10ヵ月もすると、ついに1人で立てるようになり、声をかけて呼んだりすると、思わず歩き出します。おぼつかない足どりでヨチヨチと歩く姿は、実に危なっかしく、実に可愛いものです。

また、乳児の特徴としては、右手を動かそうとすると左手も動いてしまうような随伴動作《ずいはんどうさ》、手で物をつかむ把握反射《はあくはんしや》、手足などの動きの緊張があげられます。これらは、乳児が人間らしくなるための、最初の運動といえます。

私たち人類は、約500万年前にチンパンジーと同じ祖先から枝分かれし、ヒトへの進化を始めたといいます。その後、猿人、原人、旧人と進化し、新人、つまり現在の私たちになりました。

地球上の動物のなかで、私たち人間だけができることといえば、二本足で真っすぐ立って歩く直立二足歩行です。これによって手が自由になり、手で道具を使うことで文明や文化を創り出してきました。チンパンジーやゴリラも二足歩行はできますが、その姿勢は前かがみで安定せず、ときには前足を補助として使い四肢《しし》歩行になります。安定した姿勢で真っすぐ立ち、二足歩行ができるのは人間しかいないのです。

投げたり捕ったり、打ったりできるのも、直立二足歩行で手が自由になったおかげです。また、手でバランスがとれるから足で蹴ることもできます。投げる、捕る、打つ、蹴るは、スポーツの基本動作です。そう考えると、立って歩けるというのはすばらしいことではないでしょうか。

そんな人類が何百万年もかけて獲得した直立二足歩行を、乳児は1年ほどで獲得します。つまり、彼らの脳や体の中では、1年間に何百万年分の進化が行われていることになるわけです。したがって、直立二足歩行を獲得する過程は、人間が人間であるための基礎になる非常に重要な時期です。

第1章で、幼児期から小学3年生までの「プレ・ゴールデンエイジ」は小学4～6年生までの「ゴールデンエイジ」の基礎づくりの期間と述べました。同じように、生まれてからの約1年間は、人間

寝返り、ハイハイ、伝い歩き、1人歩きと徐々に進歩していく

としての基礎づくりの期間です。ここでしっかり基礎をつくっておかなければ、プレ・ゴールデンエイジもゴールデンエイジも意味をなしません。

ハイハイができるようになったら早く立ってほしい、立ったら今度は歩いてほしい、そう思うのは親心でしょう。しかし、ころびやすかったり、ころびそうになっても手が出なかったりする子供は、ハイハイの時間がじゅうぶんではなかったケースが多いといいます。

ハイハイは立ち上がるための神経的、筋力的な準備をしている期間です。まだまだ準備ができていないのに、手を取って立ち上がらせるなどは、赤ちゃんにとって迷惑至極な話です。そのほかの時期も同じことです。

大人は危険を排除するなどの環境づくりで赤ちゃんをフォローし、寝返り、ハイハイ、伝い歩き、1人歩きと、それぞれの時間は彼らにまかせ、決して強引にスピードアップしてはいけません。

◆遊びを取り入れ基本運動を発達させる

1人で歩けるようになったころから小学校に入る前までの期間には、子供たちは「歩く」「走る」「投げる」「捕る」「跳ぶ」「蹴る」「転がる」「ぶら下がる」などなどの、人間として必要な基本的運動ができるようになります。

しかし、大人と比べると動き方にスムーズさがなく、もちろん、速く動いたり力強さを感じたりすることはありません。それでも、「歩く」と「走る」の違いが“大ざっぱ”にわかる程度の動きはできます。ここで「なんでちゃんとできないの」と思ってはいけません。この“大ざっぱ”は、この時期の子供たちの特徴であり、またとても大切なことなのです。

専門的には、大ざっぱな動きのことを「粗形態《そけいたい》」といいます。粗形態の時期は、運動神経の回路の配線を行っている状態なので、一つでも多くの配線ができるように、大ざっぱでよいので、いろいろな運動経験をさせることが重要です。

園児の時期までは、小学校に上がってからと比べて、家庭で過ごす時間がとても多いものです。彼らにとって、親は自分を守ってくれる存在であると同時に、いっしょに遊んでくれるいちばんの友達でもあります。

したがって、神経系のトレーニングをするというのではなく、まずはいっしょに遊んであげてください。そのとき、「遊んであげなくちゃ」などと肩ひじを張ると、親も負担なうえに子供に無理をさせないとも限りません。

ふだんの遊びにちょっとした工夫を加えるだけで、運動神経のドリルになる遊びに変化します。そのさいのヒントとなるポイントを、以下にあげてみましょう。

●左右の偏りをつくらない

成長に伴《ともな》い、人間にはいつしか右利《き》きと左利きができます。はしを使ったりエンピツを持ったりなどの日常的な動作から、右手・右足でボールを投げたり蹴ったりと、運動・スポーツの面でもそれは現れてきます。利き腕や利き足ができると、反対側の腕や足を同じように使えるようにするのはとてもむずかしいことです。

たとえば、サッカーの左サイドの選手は、サイドチェンジやセンタリングのさいに左足でのキックを多く要求されます。しかし、左

親と子がいっしょになって楽しむことが大切

足でうまく蹴れない選手が左サイドにいた場合、長いパスや正確なセンタリングができません。振り向いて右足で蹴ればいいのですが、それでは流れが切れるだけではなく、振り向いている間に相手ディフェンダーにカットされてしまいます。

このたとえはまだまだ先の話であり、すべてのスポーツが左利きが有利というわけでは決してありません。利き腕、利き足ができるのは自然なことですが、この時期には右でやったら左でもやることで、偏《かたよ》った運動ではなく、バランスのとれた体の使い方を記憶させましょう。また、左右だけではなく、上をやったら下、前をやったら後ろと、運動に両側性を持たせることも大切です。

●飽きっぽさを逆手にとる

前述したように、子供は飽きっぽいものです。集中力は高くとも、それを長時間持続することは苦手です。次から次へと興味が移り、一ヵ所にじっとしていることを知りません。これは、彼らがいろいろな動きを通して神経回路をつくりたがっているという本能です。それを、「おとなしくしていなさい！」としばりつけるのは無理なだけでなく、そうすることで運動神経の発達が妨《さまた》げられてしまいます。

どうせ一つのことに集中していられないなら、いろいろやらせるのが得策というものでしょう。彼らは変化と意外性が大好きです。「そろそろ飽きてきたな」と思ったら、次の遊びをやらせましょう。それによって、より多くの神経系の回路の配線を促《うなが》してください。

●「できた」経験を大切に

この時期の子供は「おもしろいこと」には興味を示す半面、「つまらない」「むずかしい」と思ったことはやろうとしません。

そこで大人が欲を出し、できない運動や遊びをやらせようとすると、その運動や遊びがきらいになります。さらに無理強《じ》いをすると、きらいを通り越してやらなくなってしまいます。

練習が必要な運動や遊び、大人がやらせたいだけの運動や遊びは、絶対に強制してはいけません。子供にとって簡単で楽しくできる運動や遊びを、大人が工夫してあげることが重要です。

●リズムをうまく取り入れる

この時期の子供は、リズムに対してかなりの反応を示します。また、大人の言葉もどんどん理解するようになります。したがって、声をかけたり手拍子をとったりと、うまくリズムを使って楽しく運動させましょう。

また、音楽を使うのもよい方法です。子供たちを見ていると、音楽が流れるとじっとしていられないかのように体を動かします。踊りとしては無茶苦茶ですが、よく見ると実にさまざまな体の動かし方をしています。

前述した粗形態の時期なのですから、手足が合っていなくても、そのつど反応が違ってもかまいません。いろいろな動きが組み合わさっているということが、運動神経の発達には欠かせないドリルになるのです。

●ほかの子と比べない

幼稚園や保育園に通うような年代になると、仲間同士の遊びや子供らしいちょっとしたケンカなどのトラブルから、社会性も発達してきます。そのなかには他人と比べるということも含まれるでしょう。子供のことですから、それはまだかわいらしいものです。

ほかの子と比べることには何の意味もない

この時期は、むしろ親のほうが、自分の子供とほかの子を比べるものです。それ以前にも公園などで「●●ちゃんは9ヵ月で立った」などと聞くと、「うちの子も急いで立たせなくては」「うちの子はほかの子と比べて成長が遅いのかしら」などと、ほかの子のことを気にしがちです。

子供が園児の年代になって、走ったり跳んだり、転がったりといろいろな運動をするようになると、その一つひとつに対してほかの子のことが気にかかり、比べる物事や回数が多くなります。

しかし、早くできればよいということはありません。ほとんどの人間はほうっておいてもいずれは走れるようになります。ただ、それが早い時期に走れるようになるかどうかは、それぞれの個性です。スポーツの世界には「個別性の原則」というものがありますが、それは個性を見きわめることでもあるのです。

たとえば幼稚園や保育園の年中組には、4月生まれの子供と翌年の3月生まれの子供がいっしょになっています。ほぼ1年違うわけですが、これを乳児期に当てはめると、立って歩いている子供と生まれたばかりの子供が同じ土俵にいることになるのです。ちょっと考えただけでも、「それでは比べられない」と思うでしょう。

早い時期に走れるようになるのと、将来、速く走れるようになるのとでは意味がまったく違います。この時期、いえ、これ以降も、ほかの子と比べることは親のあせりとなり、それが子供に無理を強いることになります。それで運動やスポーツがきらいになってしまったら元も子もありません。

ほかの子と比べるのではなく、自分の子供の変化や成長を見きわめ、それに合った手助けを心がけてください。

◆入園まで（2〜4歳）のドリルメニュー

以下に、2〜4歳向けのドリルメニューを紹介します。いろいろと組み合わせて、1日5メニューを目安に行いましょう。

図2-1 動物に変身

キリンに変身

背の高いキリンになったつもりでつま先立ちで歩く

ペンギンに変身

ペンギンになったつもりでかかとで歩く

イヌに変身

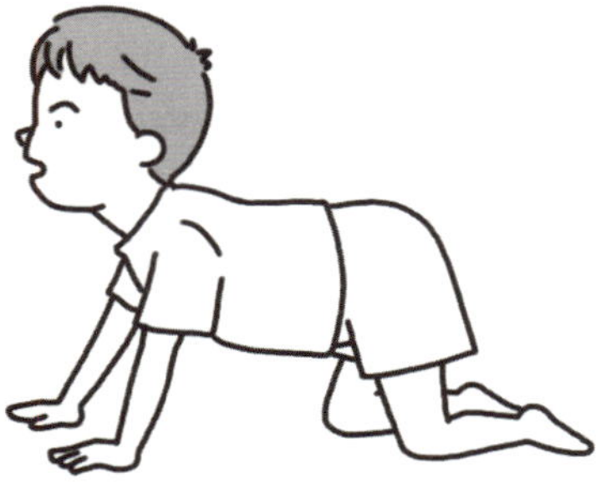

イヌになったつもりで四つんばいで歩く

ゾウに変身

ゾウになったつもりで高ばいで歩く

ヘビに変身

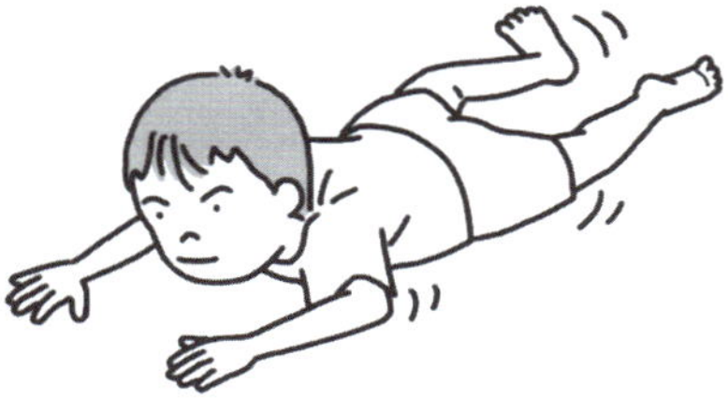

ヘビになったつもりで腹ばいをする

カニに変身

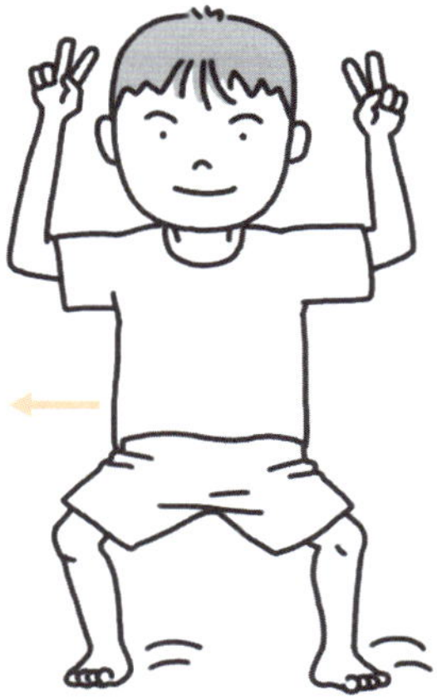

カニになったつもりで横歩きをする

ウサギに変身

ウサギになったつもりで障害物をまたいで歩く。最初は床に置いたひもや敷居など高さのないものから始め、徐々に高さや幅をむずかしくし、積み木などで行う

図2-2 橋渡り

1本橋

地面に置いたひもの上を歩く。最初は足元を見ながら行い、徐々に顔を上げ、歩幅も広げる。前に歩く、横に歩くを行う

2本橋

地面に2本のひもを置き、その上を両足で歩いたり、両手両足をひもに着けて歩いたりする

図2-3 お父さん・お母さんといっしょ

飛行機

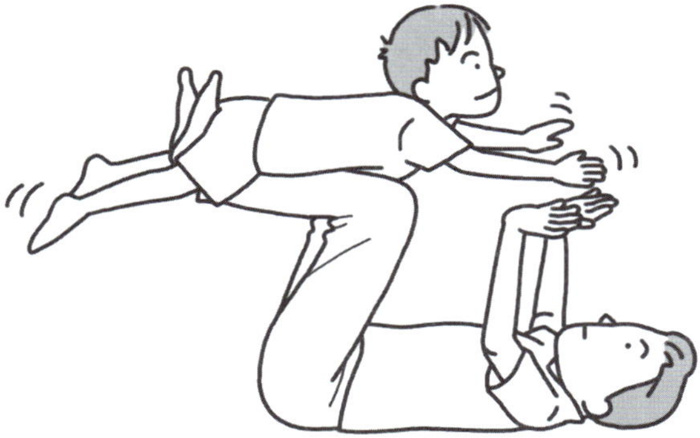

大人はひざを曲げてあおむけになる。ひざの上に子供を腹ばいにして乗せバランスをとる。最初は手をつないで行い、徐々に手を離していく。子供は両手を広げたり前に突き出したりしてバランスをとる

シーソー

子供はうつぶせになり、手足をピンと伸ばす。手と足を床から浮かせ、その状態で大人がシーソーのように揺らす

鉄棒

大人の曲げた腕に子供がぶら下がる

足相撲

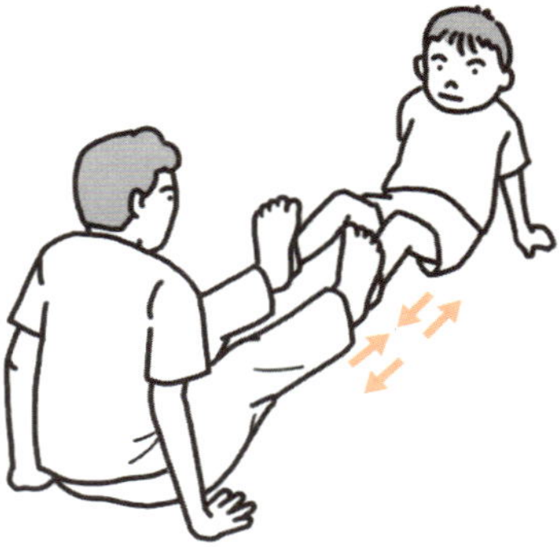

大人と子供が向かい合って座り、両足の裏を合わせて互いに足を引いたり押したりする

ロボット

子供と大人が同じ方向を向いて立ち、大人の足の上に子供の足を乗せ、手を握っていっしょに歩く。前進から行い、横歩き、斜め歩き、後退なども行う

コアラ

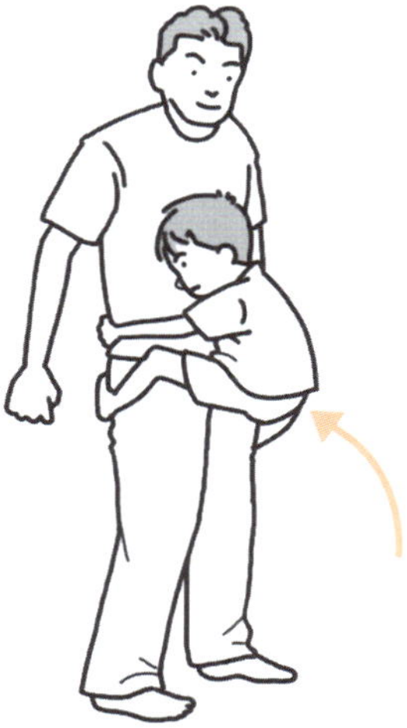

❶ 大人は両足を開いて立ち、子供を腰にしがみつかせる

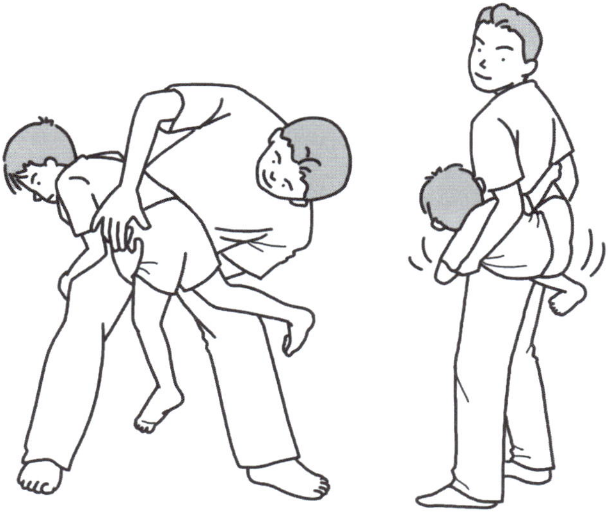

❷ 手で補助しながら子供に腰のまわりを1周させる

くぐって跳んで

❶ 大人が四つんばいの姿勢になり、子供が手と足の間をくぐる

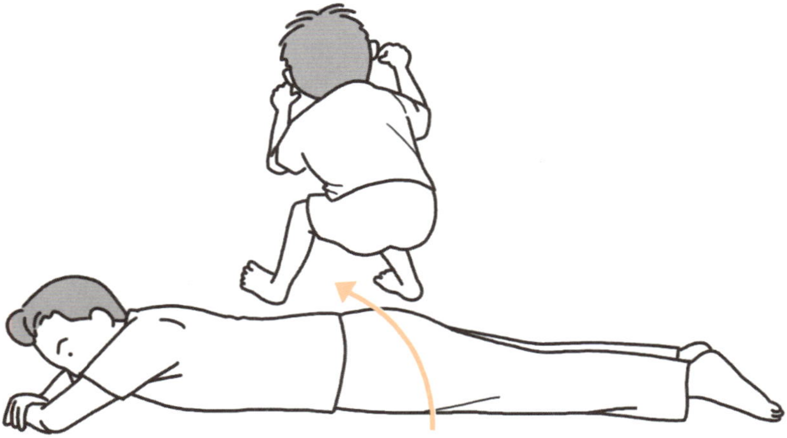

❷ 大人がうつぶせになり、子供は背中や足を跳び越える

❸ ①②をできるだけ速くくり返す

図2-4 ピョンピョンジャンプ

片足ケンケン

片方の足でケンケンのジャンプをする

ケンケンパ

「ケンケンパ」のリズムに合わせ、片足ケンケンしたあとに両足を開いて着地する

手たたき跳び

頭の上や顔、胸の前、腰の位置などで手をたたきながらジャンプをする。大人といっしょに行い、大人のやる動きのまねをさせるとよい

グーパー跳び

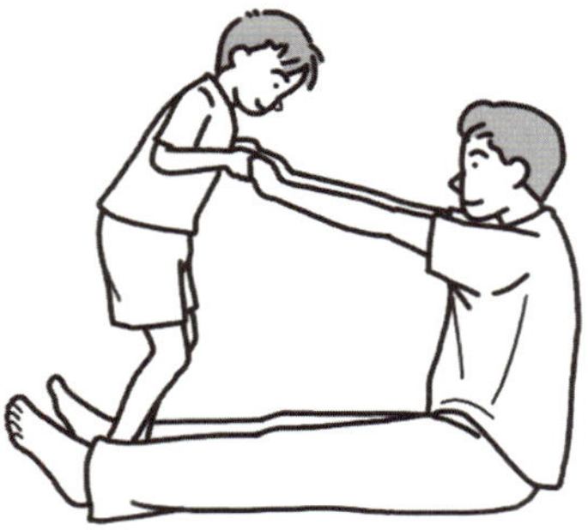

❶ 大人が足を伸ばして座り、向かい合って立った子供と手をつなぐ

❷「グー」のかけ声とともに大人は足を開き、子供をジャンプさせて足の間に着地させる

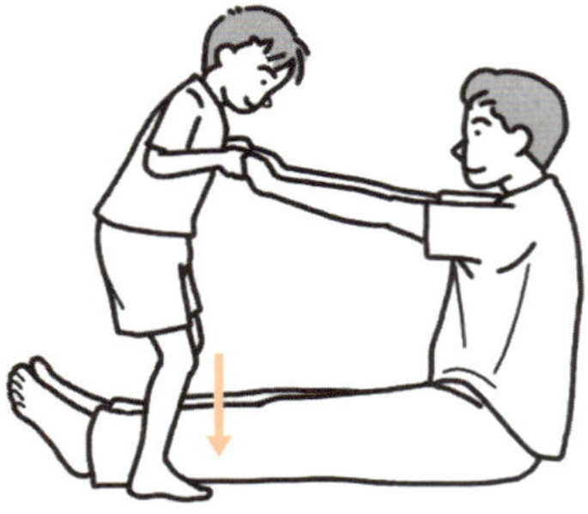

❸「パー」のかけ声とともに大人は足を閉じ、子供をジャンプさせて大人の足をはさむように着地させる

❹ タイミングをうまく合わせ、②と③をリズムよくくり返す

ボール跳び

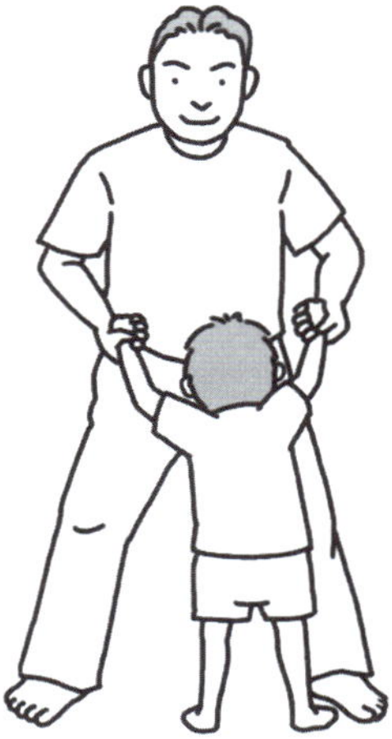

❶ 大人と子供が向かい合って立ち、大人は子供の両手をつかむ

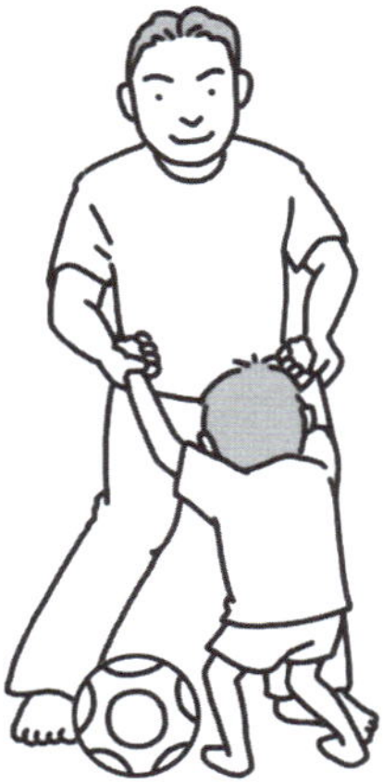

❷ 子供の横にサッカーボールを1個置く

❸ 子供のジャンプに合わせ、大人が子供を持ち上げ、ボールを跳び越える

図2-5 クルクル回ろう

前回り

大人が手助けをして前回りをする。徐々に1人でできるように行う

後ろ回り

大人が手助けをして後ろ回りをする。徐々に1人でできるように行う

横回り

両手を頭の上に上げた状態で横回りをする。できるだけ真っすぐに、速く転がるようにする

図2-6 ヨーイドン

あおむけダッシュ

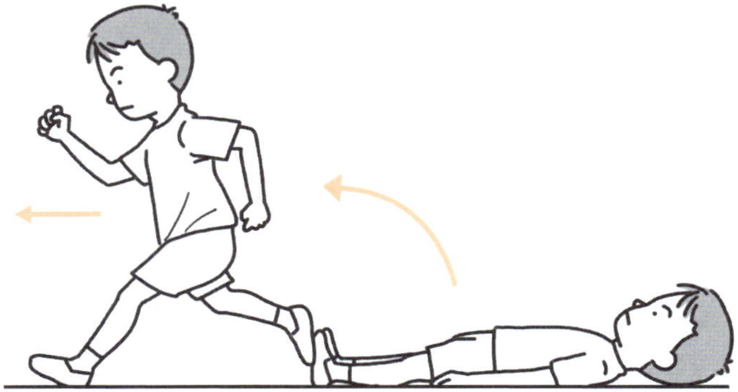

あおむけの状態から合図と同時に起き上がって走る

うつぶせダッシュ

うつぶせの状態から合図と同時に起き上がって走る

図2-7 ボール遊び

ゴロドッジボール

ビーチボールなど柔らかいボールを転がし、ボールに当たらないように逃げる。
最初はゆっくりと転がし、徐々にボールのスピードを上げる

トンネル通し

大人が足を開いて立ちトンネルをつくる。ボールを転がしたり蹴ったりしてトンネルを通す

キャッチ＆パス１

❶ ビーチボールなど柔らかいボールを転がし両手でキャッチする

❷ キャッチしたボールを転がし返す

❸ 徐々にスピードを速くしたり、ボールを小さくしたりして行う

❹ ボールが小さくなってきたら片方ずつの手でキャッチする

キャッチ＆パス2

❶ ビーチボールなど柔らかいボールを近い距離からフワリと投げ両手でキャッチする

❷ キャッチしたボールは両手で投げ返す

❸ 徐々に距離を広げたり、ボールを小さくしたりして行う

❹ ボールが小さくなってきたら片方ずつの手でキャッチする

キャッチ&パス3

❶ ビーチボールなど柔らかいボールをワンバウンドで投げ両手でキャッチする

❷ キャッチしたボールは両手で投げ返す

❸ 徐々に距離を広げたり、ボールを小さくしたりして行う

❹ ボールが小さくなってきたら片方ずつの手でキャッチする

風船バレーボール1

風船を床に落とさないようバレーボールの要領で突く。右手のみ、左手のみ、右手と左手を交互に使うパターンを行い、何回続くか数える

風船バレボールー2

赤と青など色の違う風船を2個用意し、赤は右手、青は左手と決めておき、床に落とさないようバレーボールの要領で突き、何回続くか数える

風船バレーボール3

風船バレー1と2を親子間でパスをする要領で行い、何回続くか数える

風船サッカー

風船バレー1～3を足で行い、何回続くか数える

怪獣退治

縦長の段ボール箱に怪獣の絵を描いて台に乗せ、怪獣の顔にオーバースローでボールを当てて倒す。ボールは子供が片方の手で握れる大きさのものを使い、短い距離から始めて徐々に怪獣までの距離を長くする。右投げ、左投げを行う

◆園児（4～6歳）のドリルメニュー

以下に、園児（4～6歳）のためのドリルメニューを紹介します。

この時期は、初めて親のもとを離れ、集団生活を経験することで、精神的にも肉体的にも成長をします。ドリルメニューも入園前（2～4歳）のものよりは多少、高度になっていますが、「親がいっしょになって楽しむ」という点は変わりません。あくまでも遊びの一環として考え、「幼稚園や保育園に入ったのだからいよいよトレーニングだ」などと肩に力を入れないように注意してください。

図2-8～12のメニューのなかから、いろいろと組み合わせて、1日5メニューを目安に行いましょう。

図2-8 いろいろ歩き

クモ歩き

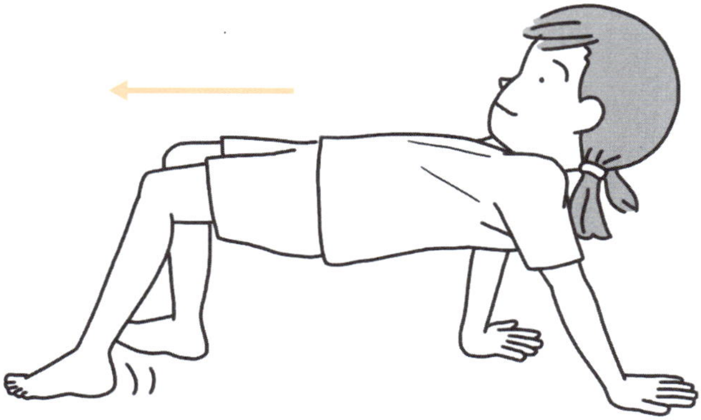

あおむけになり腰を浮かせて手と足で歩く

サル歩き

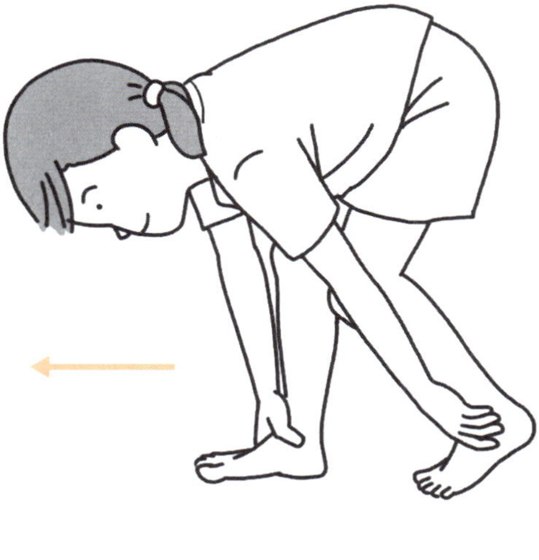

右手で右足首を、左手で左足首をつかんだ状態で前進する

お尻歩き

❶ 足を前に出して座り両ひざを立てる

❷ かかととお尻を使って腕を振りながら前進する

腕歩き

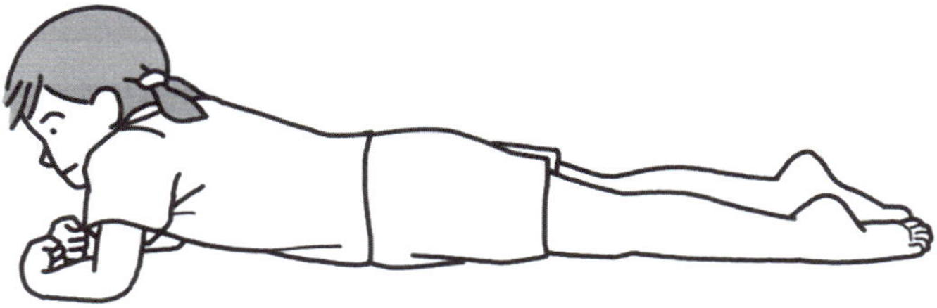

❶ うつぶせになり顔の前で両ひじを立てる

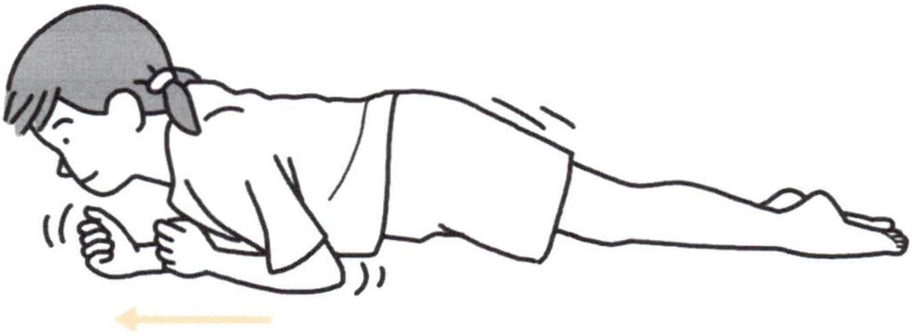

❷ 左右の腕を使って前進する

背中歩き

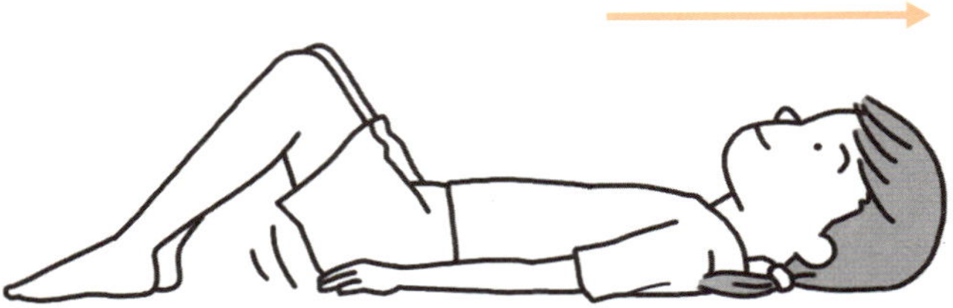

❶ あおむけになり上半身は動かさず両足の曲げ伸ばしをくり返して頭の方向に進む

❷ 足の曲げ伸ばしと同時に上半身をくねらせて進む

図2-9 いろいろタッチ

ジャンピングタッチ

❶ 歩きながらジャンプし体の横で足同士をタッチさせる。左右行う

❷ 歩きながらジャンプし体の前で足同士をタッチさせる。踏み切る足を左右替えて行う

手足タッチ1

❶ 足と手を同時に開く

❷ 左足を体の前で曲げ右手で左足の裏をさわる

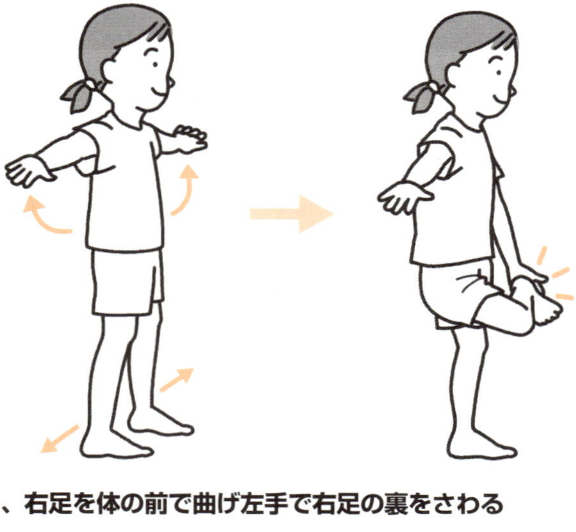

❸ ①に戻り、右足を体の前で曲げ左手で右足の裏をさわる

❹ ①〜③をリズムよくくり返す

手足タッチ2

❶ 足と手を同時に開く

❷ 左足を体の後ろで曲げ右手で左足の裏をさわる

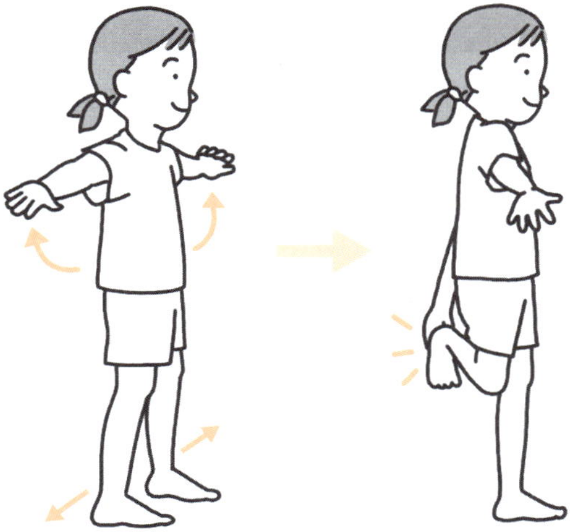

❸ ①に戻り、右足を体の後ろで曲げ左手で右足の裏をさわる

❹ ①〜③をリズムよくくり返す

図2-10 いろいろジャンプ

前回りジャンプ

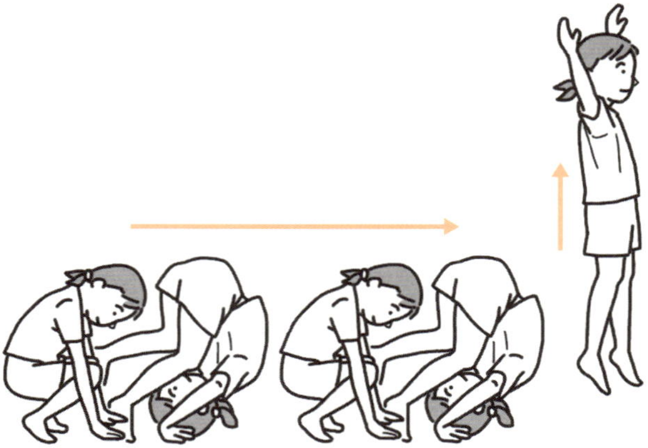

前回りを2回行ったあとに、両手を広げてジャンプする

回転ジャンプ

立った状態から、合図と同時に180度回転ジャンプをして後ろを向き、また180度回転ジャンプをして元に戻ってから走る。右回り、左回りを行う

図2-11 紙で遊ぼう

ティッシュキャッチ

ティッシュペーパーを1枚用意し、大人が上から落とし子供にキャッチさせる

新聞紙ボールパンチ

新聞紙を丸めて作ったボールを10個用意する。アンダーハンドで大人がボールをフワリと投げ、子供はそれを手のひらではたき落とす。投げるスピードを徐々に速くしたり、ボールをとらせたりしてもよい

図2-12 ボール遊び

風船バレーボール1

風船を3個用意し、床に落ちないようバレーボールの要領で突く。何回続くか数え、親子で競争してもよい

風船バレーボール2

赤、青、黄色、緑など色の違う風船を4個用意し、赤は右手、青は左手、黄色は右足、緑は左足と決めておき、風船が床に落ちないよう、手と足で突いたり蹴ったりする。何回続くか数え、親子で競争してもよい

ボール競争

大人がサッカーボールを床に転がし、子供はボールを追いかけて走り向き直って足を広げ、足の間にボールを通す

リアクションキャッチ

大人が両手にテニスボールを1個ずつ持ち、肩の高さからどちらかのボールを放して落とす。子供は落ちてきたボールに素早く反応してキャッチする。フェイントをかけてもよい

コラム❷

無心で遊べる野性的な環境が子供たちを伸ばす

三浦雄一郎《みうらゆういちろう》＝プロスキーヤー

青森市内に生まれた私は、幼いころから外遊びばかりをしていました。時代でいえば昭和ひとけたから10年代、しかも青森ですから、当然といえば当然でしょう。家のまわりは田んぼや畑で、200メートルも行けば砂浜の海岸が広がっていました。

父・敬三《けいぞう》（日本のスキーの草分け的存在。100歳でモンブラン山系をスキーで走破するなどの偉業を残し、平成18年1月に101歳で他界）に連れられて海岸へ行くと、すでに近所のお兄さんたちがいて遊んでいました。当時、飛び込みの選手だった父は、そのお兄さんたちに私を預け、近くの岸壁へ練習に行きます。私はお兄さんたちと砂浜を飛び回り、あるいはカニを捕まえて遊んでいました。

ふと岸壁を見ると、父が海へ飛び込んでいました。その姿は子供心にもかっこうよく映り、私はアスリートとしての父に強いあこがれを抱きました。私にとって父は、最初のヒーローであり、その存在を生《なま》で感じられたことが、のちに私がスキーや登山などにのめり込んでいく下地になったのでしょう。また、体力や運動神経といった点は、外で思いきり遊ぶことで培《つちか》われたのだと思います。

スポーツの原点は遊びのなかの狩猟本能と密接な関係がある、と私は考えています。たとえばカニを捕るとき、とても素早い動きをするカニを一瞬のうちに指でつかまなくてはなりません。しかも、うまくつかまなければ、ハサミで指をはさまれ、痛い思いをします。カエルを捕るのもトンボを追いかけるのも同様に、微妙で高度な運動神経が要求されます。そこで養われた運動神経が、各スポーツの専門技術の習得とパフォーマンス（行動）性の基礎になるのです。

私の子供たちも、次男の豪太《ごうた》はスキーのモーグル競技でリレハンメル、長野と2度のオリンピックに出場し、長女の恵美里《えみり》、長男の雄大《ゆうた》もスキー選手として活躍しました。彼らはもちろん、外遊びをよくし、家でもトランポリンや鉄棒で遊ぶなど、とにかく体を動かすことが大好きでした。家で飛び跳ねて遊ぶさまは、まるで忍者屋敷のようでした。その後、北海道で暮らすようになってからは、さらに大きな自然を相手に飛び回っていました。

いまは時代も環境も、私や子供たちのころとは大きく違っています。それを反映して幼児や児童の運動教室が盛んに開かれています。そこで少し気になるのは、その内容がカリキュラム化、マニュアル化されているように思えることです。

ここによい例があります。私の孫は3歳までをアメリカの幼稚園で過ごし、その後、帰国して日本の幼稚園に入園しました。日本の幼稚園では体を動かして遊び、家にあるおもちゃも体を動かして遊ぶものばかりです。そんな環境で1年を過ごし、夏休みにアメリカへ行ったところ、1年前まではいっしょに楽しんでいたアメリカの子供たちの遊びに、体力的についていけなくなっていたのです。

この一件は、日本の幼児教育の画一化を物語っているような気がしてしようがありません。体操教室も水泳教室も、体を動かすという点においてはとてもよいものです。私はそこにもう一つ、子供たちが本当に無心になれる遊びや、全力を出しきってクタクタになれる野性的でスケールの大きな遊びを取り入れれば、さらに子供たちを伸ばしていけるのではないか、と考えています。

私たち大人が子供にしてあげなければならないことは、子供が夢中になって遊ぶ時間とその環境づくりです。昔はほうっておいても自然が子供たちにそんな環境を与えてくれていました。むしろ現代だからこそ、そこに大人の力が必要なのです。

太陽の下で跳ね回っているときが、子供がいちばん輝いて見えるときです。私もキャンプや探検学校などの企画を通じ、そんな環境づくりをすすめていきたいと思っています。

【三浦雄一郎氏のプロフィール】

1932年、青森県生まれ。北海道大学獣医学部卒業。64年、イタリア・キロメーターランセに日本人として初めて参加、当時の世界記録樹立。66年、富士山直滑降。70年、エベレスト8000メートル世界最高地点スキー滑降を成し遂げ、その記録映画はアカデミー賞を受賞。85年、世界七大陸最高峰のスキー滑降を完全達成。2003年5月、次男の豪太とともに世界最高峰エベレスト山（8848メートル）登頂。世界最高年齢登頂（70歳）と初の日本人親子同時登頂の記録を樹立（ギネスブック掲載）。アドベンチャー・スキーヤーとしてだけでなく、全国に1万人いる広域通信制高校、クラーク記念国際高等学校の校長として、また行動する知性人として国際的に活躍中。記録映画、写真集、著書多数。

第3章 小学1～3年生

遊びからスポーツへの興味へ

◆サナギが蝶になるための準備期間

幼児の時期（2～6歳）までを「プレ・ゴールデンエイジ」の前期とすると、小学1～3年生（7～9歳）まではその後期にあたります。この年代の子供は、いろいろな動きが大ざっぱにできるようになる「粗形態《そけいたい》」から、動きがスムーズにできたり、できる確率が上がったりしてくる「精形態《せいけいたい》」が現れてきます。

粗形態と精形態の違いを、マット運動の後転を例にあげてみましょう。最初から後転ができる子供は、まずいません。しかし、練習を重ねるうちに、さまざまな要素が絡《から》み合って、偶然のように後転ができる瞬間が来ます。この偶然が100回に1回、50回に1回、10回に1回とふえてゆき、ついには10回やれば10回とも後転ができるようになります。それでもまだまだ動きは大ざっぱで、体が後ろに回ったという程度です。これが粗形態の状態です。そして、それまでゴロンと回っていた後転が、クルンときれいに回れるようになるのが精形態にあたります。

プレ・ゴールデンエイジの前期は、蝶にたとえると、卵からかえった幼虫が脱皮をくり返してグングン大きくなる時期です。それに対し、プレ・ゴールデンエイジの後期は、幼虫がサナギになり、来るべき羽化《うか》の準備をしている期間です。そのため、この時期に親は発達の程度やスピードに物足りなさを感じがちです。

しかし、だからといって、「うちの子はこれまで」と思うのは禁物です。この時期に、飛躍的な発達は期待したほど望めません。ただし、ゆっくりでも発達はしているので、それまでにできている運動を定着させる、あるいは足りないところをフォローする絶好の期間です。また、プレ・ゴールデンエイジ前期での、遊びを通したさまざまな運動体験、運動神経の回路の配線で足りない部分を取り戻すこともできます。

蝶はサナギの殻《から》を破って、大空を飛び回ります。子供たちも同じで、来るべきゴールデンエイジの時期に大きく伸びるためには、サナギの時期である小学1～3年生の期間を大切にしてください。

◆まずは歩き方に注意しよう

欧米人からいわせると、日本人はヒョコヒョコと揺れながら歩いているようです。そういわれて街行く人たちを見ると、確かに頭が上下に動いてヒョコヒョコと歩く姿が目に入ります。また、足を踏み出すたびに全身が左右にも揺れています。

ある説によると、日本人のこのような歩き方は、昔からの民俗芸能の影響が強いといいます。盆踊りや徳島の阿波《あわ》踊りを思い浮かべてください。手と足を前に出すしぐさでは、必ず右足と右手、左足と左手がペアになっています。歌舞伎《かぶき》で「たたらを踏む」場面でも、右手を前に突き出し、右足でピョンピョンと跳んで前に進みます。また、農家の人がクワをふるうときや、武士が刀を振るときも、右利《き》きの場合、右手と右足が前に出ています。

このようなことから、日本人は明治維新まで右手と右足、左手と左足を同時に前に出して歩いており、それが現在の日本人の歩き方に影響しているというのです。ちなみに、明治時代にイギリスから来た軍人が、日本人に歩き方を教えるのに苦労をしたというエピソードもあります。

現代の日本人の歩き方は「ひざ歩行」といえるでしょう。前に蹴り出した足のかかとが着地すると同時にひざが曲がり、曲げたひざを伸ばしてから地面を蹴り、反対の足を前に蹴り出す歩き方です。

これに対し欧米人は「股関節《こかんせつ》歩行」を行っています。前に蹴り出した足のかかとが着地するときにはひざがまっすぐ伸びているのです。そして、股関節を中心に重心を移動し、次の一歩を踏み出しています。このような歩き方は、見た目がかっこういいだけでなく、動きとしても合理的だといえます。

合理的な歩き方をすれば、合理的な姿勢ができ、合理的に走れます。運動会などで「かけっこが速くなってほしい」というのは、親の切実な願いでしょう。そのためにはまず、合理的な歩き方ができていなければなりません。

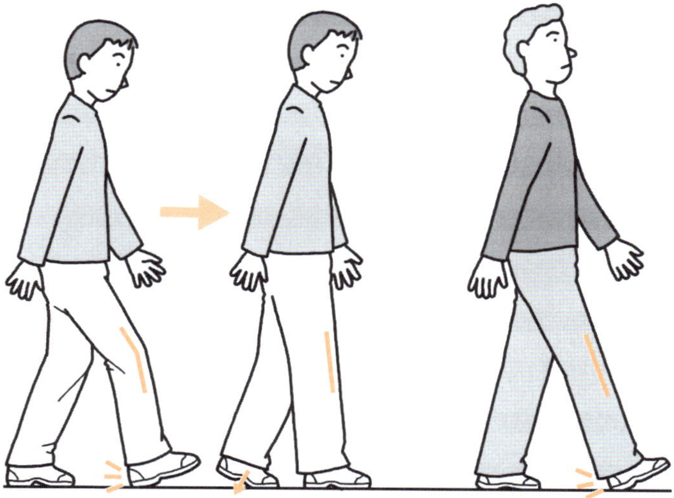

着地した足のひざを曲げずに股関節歩行を心がけよう

子供のときにひざ歩行をしていると、大人になってもその癖《くせ》が抜けなくなります。子供の歩き方をチェックし、屋内ではできるだけ裸足《はだし》でいさせたり、夏は鼻緒《はなお》のついたサンダルをはかせたりするなど、日常的に股関節周辺の筋肉を使う習慣をつけておきましょう。最近では、靴底にたくさんの切れ目が入って、正しい歩き方が自然に身につくスニーカーも市販されているので、それを利用してもよいでしょう。

◆「自分もやりたい」と思わせる

アスリートには、トップアスリートと普通のアスリートがいます。両者の違いは記録やプレーで見て取れますが、その違いを生むのは練習です。さらに、その練習の質を左右するのは、本人のやる気、つまり、モチベーションです。

これは子供でも同じことです。ただし、大人のアスリートには優勝や金メダル、記録更新などの明確な目標がありますが、小学1～3年生の子供に目標を持たせる必要はありません。

この年代の子供たちにモチベーションを与えるなら、「楽しい」でじゅうぶんです。実は、トップアスリートは、最高の選手になった現在も「楽しい」という気持ちがあるからこそ、優勝や金メダルを目標に練習ができるのです。

しかし、子供たちに「楽しめ、楽しめ」というと、逆につまらなくなる傾向があります。大人が口で「楽しめ」というのではなく、大人が楽しんでいる姿を見せてあげましょう。

私事ですが、息子に野球をやってほしいと思ったとき、的当てゲームやおもちゃのバッティングマシンを買ってきて、子供には何もいわずに、まずは私がそれらを使って遊んでみせました。子供は最初、私が遊んでいるのをながめていましたが、私が遊び終わってそっと見てみると、自分からそれらの道具で遊び始めたのです。この瞬間、私は「しめた」とほくそ笑みました。

本章の88ページ以降で紹介するドリルも、大人がいっしょにやったり、回数やタイムなどを記録したりするなどして、子供自身が「楽しい」と思い、自分からやるようにし向けることが大切です。

そのさいのポイントは、子供が「もうちょっとやりたい」と思っているタイミングで、「また明日もやろう」とドリル自体をいったん打ち切ったり、ほかのドリルに移ったりすることです。すると、子供は「えーっ」といいつつも、「また明日できる」とモチベーションを持ち続けることができるのです。

◆ヒーローを見つける

小学1〜3年生にもなると、親は野球なら野球、サッカーならサッカーと、何か一つのスポーツをやらせたくなるものです。

しかし、走る、投げる、捕る、打つ、蹴るなどの動作がスムーズになっても、1種類のスポーツだけをやらせて、その運動能力だけを伸ばそうとするのは時期尚早です。

第1章の図1-3と図1-4を思い返してください。停滞期に入ったとはいえ、子供たちの神経系は依然として伸び続けています。

プレ・ゴールデンエイジの後期は、神経回路の配線を行いつつ、それを太くしている時期です。したがって、この時期にある特定の

生のプレーを観戦することはとても重要

スポーツだけを行うと、つくられる神経回路が限られてしまいます。その結果、将来、何か一つのスポーツを選んで専門的に行った場合、新しい技術がうまくマスターできなかったり、時間がかかったりする結果になります。ひいては、トップアスリートになるか、平凡なアスリートで終わるかにかかわってくるのです。

それでも、「プロ野球選手になってほしい」「Ｊリーガーになってほしい」という希望を持つのが親心というものです。ここで葛藤《かつとう》が生まれるでしょう。

そんなとき、この時期の子供には、いろいろなスポーツを見せてあげてください。それもテレビではなく、実際に球場やグラウンドに行き、選手たちの生《なま》のプレーにふれさせてあげましょう。

ボールがバットに当たる音、ボールを蹴った音や選手たちのかけ声、それに得点や好プレーが飛び出したときの観客の歓声……。グラウンドの土や芝のにおいのほか、屋内競技では選手の汗のにおいまで伝わってきます。

子供たちは生の現場で、彼らの五感すべてに刺激を受けることになります。そして、自分の好きなスポーツ、やってみたいスポーツができ、選手をヒーローとしてとらえます。

そのうち「サッカーボールを買って」とか「グローブが欲しい」などといい出すでしょう。それはそれで彼らの「やりたい」気持ちの表れなので、ダメだとはいわないでください。ボールを蹴るのも、キャッチボールをするのも、いろいろな運動の一つなのです。

◆小学1～3年生のドリルメニュー

以下に、7～9歳向けのドリルメニューを紹介します。いろいろと組み合わせて、1日5メニューを目安に行いましょう。

図3-1 いろいろ歩き

ふだんの歩き方に変化をつけて歩く

速く歩く

ゆっくり歩く

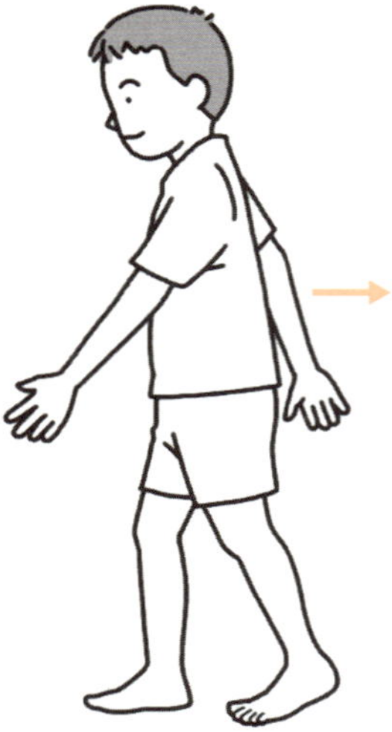

後ろ向きに歩く

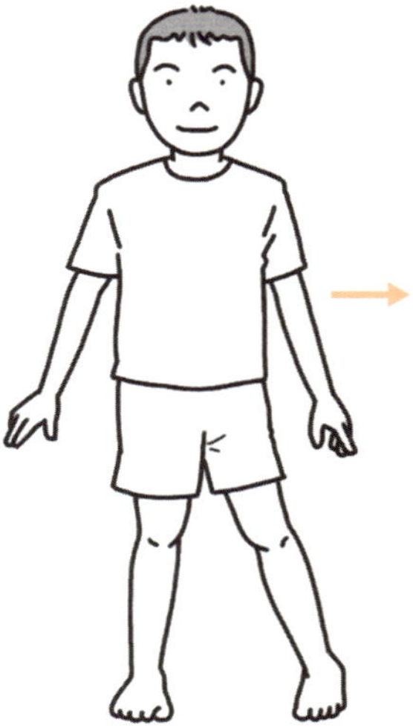

横向きに歩く

ももを高く上げて歩く

姿勢を低くして歩く

大きな歩幅で歩く

小さな歩幅で歩く

四股の姿勢で歩く

足音を立てないで歩く

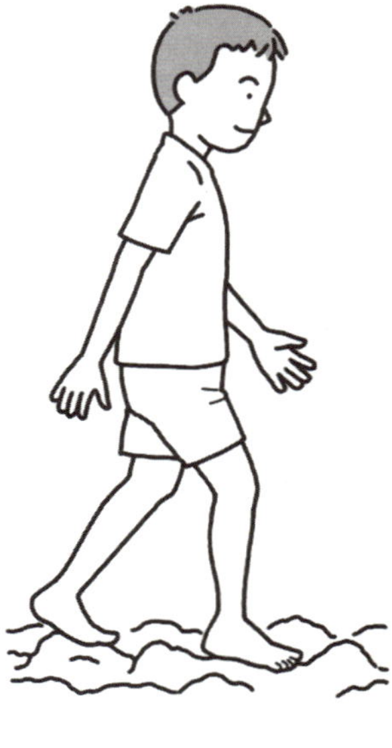

デコボコ道を歩く

ヒヨコ歩き

両手を後ろに組んで、しゃがんだ姿勢で前に歩く。足首が硬い場合は、少し腰を上げて高い位置から始め、徐々に腰を下げていくとよい

ぞうきん歩き

ぞうきんを4枚用意し、それぞれのぞうきんに両手、両足を乗せて歩く。ひざを曲げた状態から始め、徐々にひざを伸ばすとよい

図3-2 いろいろジャンプ

いろいろな踏み切り方や着地の方法でジャンプをする

両足踏み切りで両足着地

両足踏み切りで片足（右、左）着地

片足（右、左）踏み切りで両足着地

片足（右、左）踏み切りで片足（右、左）着地

ジャンピングジャンケン

ジャンプしながら手と足を使ってジャンケンをする。グーのときはひざを抱え、チョキのときは両手と両足を前後に開き、パーのときは両手と両足を左右に開いて行う。空中でポーズを決めてから着地すること

図3-3 いろいろボールキャッチ

フライキャッチ

※バレーボールやテニスボールなど、ボールの大きさを変えて行うとよい

ボールを上に投げ、手を1回たたいてキャッチする

ボールを上に投げ、手を2回たたいてキャッチする

ボールを上に投げ、できるだけ多く手をたたいてキャッチする

ボールを上に投げ、1回転してからキャッチする

ボールを上に投げ、地面を手でさわってからキャッチする

ボールを上に投げ、ジャンプしてキャッチする

バウンドボールキャッチ

思いきりバウンドさせたボールをキャッチする

あおむけボールキャッチ

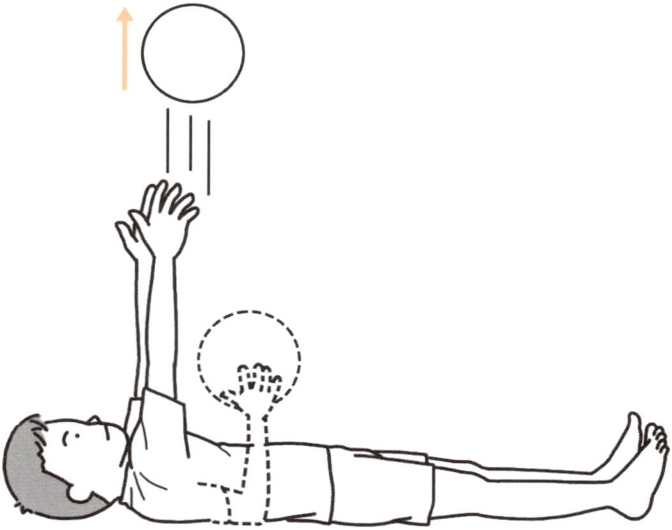

バレーボールやゴムボールを持ち、あおむけになって両ひじを90度に曲げて床に着けた状態から、体の真上にボールを投げてキャッチする。できるだけ高くボールを投げて行う

図3-4 いろいろボールキック

サッカーボールやテニスボールなどさまざまな大きさのボールをいろいろな方法でキックする

止まっているボールを蹴る

2～3歩助走をつけて蹴る

転がってくるボールを蹴る

転がっていくボールを蹴る

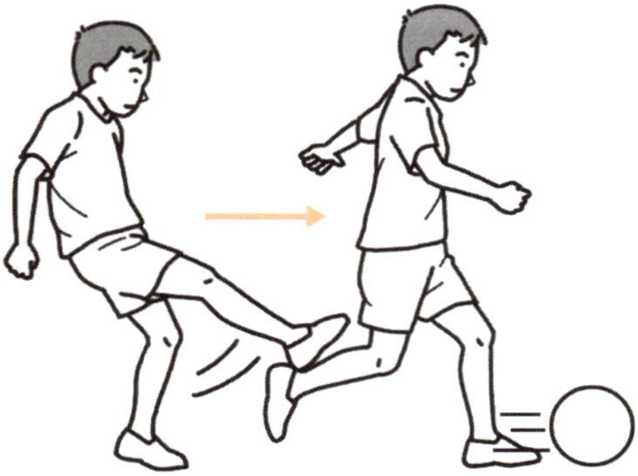

蹴ったボールを追いかける

図3-5 スポーツごっこ

クモサッカー

あおむけになり、腰を浮かせた状態で手足で体を支え、ボールを蹴り合う

新聞ゴルフ

新聞紙を丸めて筒状にしたクラブと、新聞紙を丸めたボールを作る。数打で届く場所に新聞紙を広げておき、スタート地点からゴルフの要領でボールを打ち、広げた新聞紙に乗せる

図3-6 ペットボトル跳び

高さの違うペットボトルを跳び越える。ペットボトルの数や高さ、距離を変えていろいろな方法で跳び越えるとよい。両足踏み切りや片足（右、左）踏み切り、両足・片足着地のバリエーションを持たせる

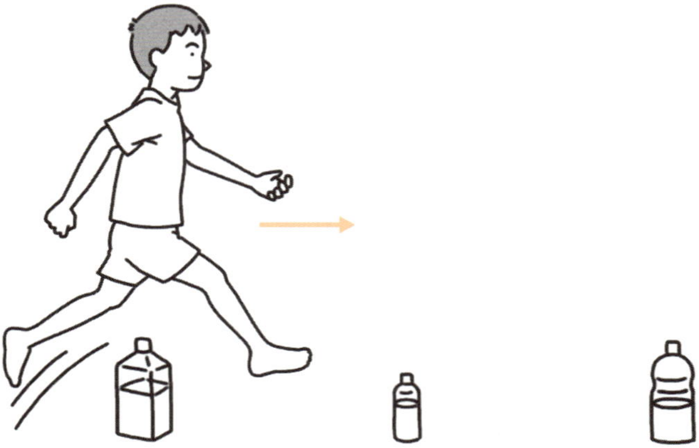

前進して跳び越える

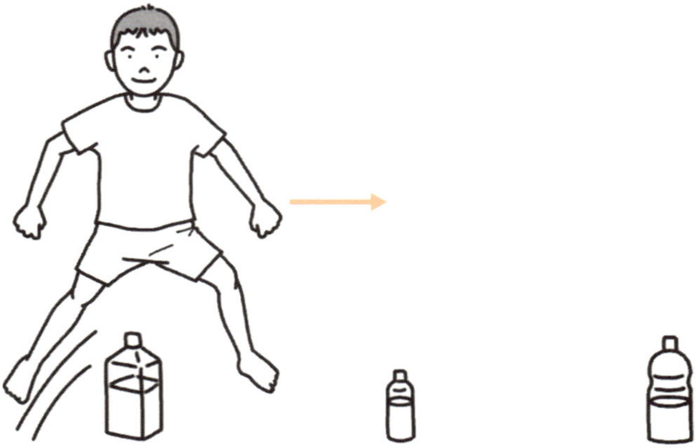

横向きで跳び越える

後ろ向きで跳び越える

横向きで体の前で足をクロスして跳び越える

横向きで体の後ろで足をクロスして跳び越える

コラム❸

個性を大切に伸ばし好きなスポーツにつなげる

辻本《つじもと》仁《ひと》史《し》＝阪神タイガース・辻本《つじもと》賢《けん》人《と》投手の父

息子の賢人は、2004年のプロ野球ドラフト会議で阪神タイガースから指名を受け、入団しました。15歳という史上最年少で指名がかかったときには、飛び上がるほどに喜んだものです。

高校時代にアメリカンフットボールのクウォーターバックだった私は、賢人が生まれたとき「何かスポーツをやってくれるとうれしいなあ」と思いました。

しかし、幼稚園に入るまでの賢人は、親から見てもあまり運動神経のよい子ではありませんでした。そこで、もっと活発な子供になるようにと、幼稚園に入ったころから体操教室や水泳教室に通わせ、家ではリビングにジャングルジムの遊具を置いて、安全に気を配りながら自由に遊ばせていました。

それでも、賢人はずば抜けて運動神経がよい子ではありませんでした。しかし、ただ一つ、肩の強さだけは同じ年代の子供には負けなかったのです。私はそれを賢人の個性と思い、その個性を大切に伸ばしていこうと思いました。そこで、体操教室や水泳教室、そのほかの遊びとともに、プラスチック製の軽いボールなどで野球ごっこもさせました。そのさい、「上手だ」「すごいぞー」などと声をかけると、賢人もうれしがり投げることが好きになっていきました。

その後、成長とともに投げられる距離が伸びたり、球速が速くなってきたりしたのが自分でもわかったのでしょう。投げるということに賢人自身が自信を持つようになりました。そして、「野球をやりたい」といいだしたのです。

そのころ、私は仕事の関係でハワイに家族とともに長期滞在していました。そのハワイで、賢人を地元の少年野球チーム「マノア・ドジャース」に入れました。賢人が小学2年生か3年生のことです。

マノア・ドジャースというチームは、野球を遊びの一つとしてとらえていました。ボールを投げる楽しさ、打つ楽しさ、捕る楽しさを味わえたことは、その後の賢人にとって大きな宝物になったことでしょう。それにも増して、友達が集まって走ったり転がったりジャンプしたりと、野球を通して遊んだことが、彼の運動能力を高めてくれたのだと思います。

このときの経験から、賢人はますます野球が好きになりました。そして、小学4年生で日本に帰ってくると、1年半は軟式野球をやり、5年生の途中からボーイズリーグで硬式野球を始めました。賢人が本格的に野球を始めたのは、このボーイズリーグのチームに入ってからです。

中学はアメリカの学校へ行き、ネブラスカ州オマハの「ペースセッター」というチームに入りました。そこで全米大会に出場し、ドラフトで阪神タイガースに入団したというわけです。

賢人の3歳下の弟、優人《ゆうと》もスポーツが大好きで、サッカーをやっていました。運動神経という点では、実は賢人よりも優人のほうが勝《まさ》っていました。優人も少し野球をやっていたのですが、野球のボールで器用にリフティングをしていたほどです。「守備で待っているとうずうずする」という理由でサッカーを始めましたが、それも兄弟の個性だと思っています。

賢人が15歳でプロ野球選手になったことは、親としてとても喜んでいます。しかし、1人のスポーツファンとしては、賢人を見て、「オレにもできる」と思ってくれる野球が大好きな子供たちがふえるのはもっとうれしいことです。

【辻本仁史さん＆賢人投手のプロフィール】

仁史さんはヴィンテージデニムの老舗ショップ「NYLON」のオーナー。現在は飲食店など多数の事業でも活躍中。
賢人投手は1989年兵庫県生まれ。中学1年生のときに単身渡米し、マタデーハイスクールで日本の義務教育にあたる9年生課程を修了。2004年のドラフト会議において、史上最年少の15歳で阪神タイガースの8巡め指名を受け入団。次代のエースとして将来を嘱望されている。

第4章 小学4～6年生

スポーツのテクニックを習得する

◆一生に一度訪れる「即座の習得」が可能

小学4～6年生（10～12歳）の年代は「ゴールデンエイジ」と呼ばれています。それは、この時期が「即座の習得」が可能な年代だからです。

即座の習得とは、それまでやったことのなかった新しい運動ですら、1日どころか1回でできるようになる能力です。大人ならば、できるまでに100日もかかるような運動を、手本を1回見ただけで、その場であっという間にやってのけるのが、この年代の特徴です。

大人の場合、新しい運動をするさいに、まず「あれはこうすればうまくいくんだな」と、頭で分析してから行うでしょう。しかし、この年代の子供たちは見た動きを直感的にとらえ、「こんな感じ」でやってのけるのです。以前、読売ジャイアンツの長嶋茂雄《ながしましげお》終身名誉監督が「ビューンときたらパッ！」などと擬態語《ぎたいご》を使って指導するのをよく目にしましたが、大人には意味がわからなくとも子供たちにはじゅうぶんに伝わっているはずです。

この年代の子供は、9歳くらいまでの「プレ・ゴールデンエイジ」の時期に行ってきた神経回路の配線もほぼ完了し、運動神経は20歳の大人と変わらなくなってきます。したがって、即座の習得の能力とも合わせ、この時期の子供は、神経系の運動を高度にしたもの、ひいてはテクニックを習得するための運動をあわせて行うとよいでしょう。

たとえば、野球選手になりたい子供の場合、メンコを取り入れる方法があります。メンコはひじや肩、手首の動きが野球の投球動作にそっくりです。さらにメンコは、ボールよりはるかに軽いため、肩やひじをいためる心配も少なくてすみます。

10〜12歳は、いろいろな動きが大ざっぱにできるようになる「粗形態《そけいたい》」から、動きがスムーズにできたり、できる確率が上がったりしてくる「精形態《せいけいたい》」へと進んできた運動の上達過程を、反復練習も取り入れ、「自動化」していく時期です。自動化とは、精形態で身につけた動きを、日常生活ではしを使うように、どんな状況でも行えるようになることです。

偶然が重なってできた「粗形態の発生」から始まり、大ざっぱにできる「粗形態の定着」、スムーズにできる「精形態の発生」、うまくできる「精形態の定着」と進んできた運動の上達過程は、苦もなくできる「運動の自動化」というレベルに達するのです。

しかし、残念なことに、この即座の習得は一生に一度、ゴールデンエイジの期間にしか訪れません。また、プレ・ゴールデンエイジの時期にさまざまな運動経験を積んでこなければ、即座の習得は現れません。蝶が飛べるようになるには、幼虫やサナギの時期が重要なのです。

◆小学生にとってもストレッチは重要

子供の成長過程では、まず神経系から発達し始め、心肺系、筋力と、時期をずらして体の機能は発達していきます。

ここでいう筋力とは、まさにパワーのことです。大きくて力を発揮する筋肉が発達するのは、高校生の年代からになります。ただし、筋肉には、パワーは出せなくても、骨と骨をつないでスムーズに動かすための筋肉「インナーマッスル」もあります。インナーマッスルは、大きな筋肉以上にスポーツ選手にとって大切な筋肉です。

とくに、即座の習得の時期を迎え、より精巧な運動を行うようになるこの時期には、このインナーマッスルのトレーニングは重要です。インナーマッスルのトレーニングは、プロのスポーツ選手が行っても「単調で飽きる」「鍛《きた》えているという実感がない」というものなので、132ページ以降で紹介するメニューは、楽しみながら行える方法を中心にしました。また、メニューには、バーベルなどで大きな負荷《ふか》をかけずに、自分の体重を利用して行う程度の軽い筋力トレーニングも含まれています。

こうしたインナーマッスルを含む筋力のトレーニングを行う場合、運動前のウォーミングアップ、運動後のクールダウンが重要になります。そこで、ウォーミングアップ、クールダウンの方法として、運動の前後にストレッチを行ってください。

ストレッチとは筋肉を伸ばす動作で、全身の血流を促《うなが》し、ケガの予防になるうえ、肉体的・精神的な緊張をほぐす効果があります。

一般的に、中学生以降、骨が成長して大人の体に近づいていきます。このとき、骨の成長に筋肉の成長が間に合わず、筋肉は引っぱられ緊張した状態になります。このアンバランスがケガを誘発することにもなるので、成長期にはストレッチが不可欠なのです。

最近では、小学生から骨がぐんぐん成長するケースも多いので、小学生とはいえストレッチの重要性は変わりありません。

ストレッチの基本的なやり方は、息をゆっくり鼻から吸って口から吐《は》くようにします。筋肉を伸ばし、「筋肉が気持ちよく伸びている」と感じるところで止め、15〜20秒ほど維持しましょう。

ストレッチは、入浴やシャワー、軽いジョギングのあとなど、体が温まっているときに行ってください。また、反動をつけずに行い、痛く感じるところまで伸ばさないことが重要です。柔軟性は人それぞれなので、自分のやりやすいペースで行いましょう。

以上の要領で、ストレッチは毎日行うよう心がけてください。ストレッチ前とストレッチ後の筋肉の伸び具合を数値で記録して、具体的な数字を目にすると、子供たちは熱心に続けるようになります。

図4-1 ストレッチ

ひざのストレッチ

❶ あおむけになり両手で左ひざを左わきに20秒間引きつける

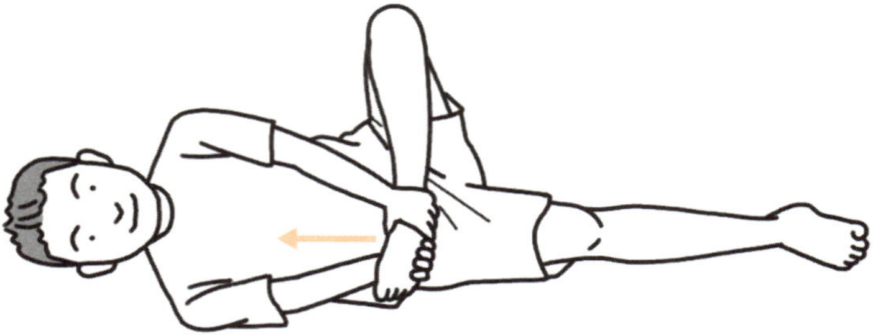

❷ 両手で左足のつま先を持ち胸のほうへ引きつける。右足でも同様に①②を行う

ひざの引きつけ横倒し

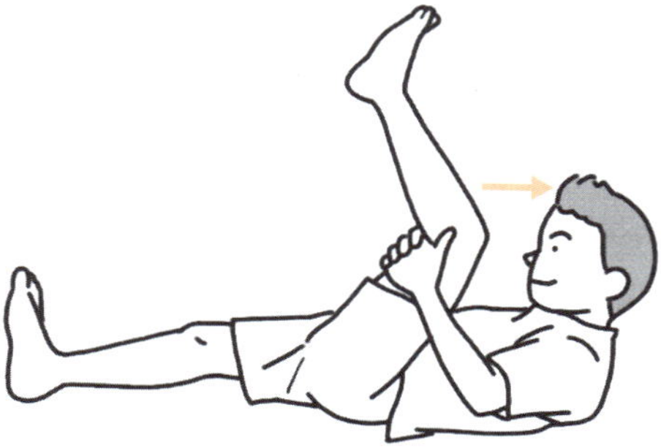

❶ あおむけになり両手で左ひざを胸のほうに20秒間引きつける

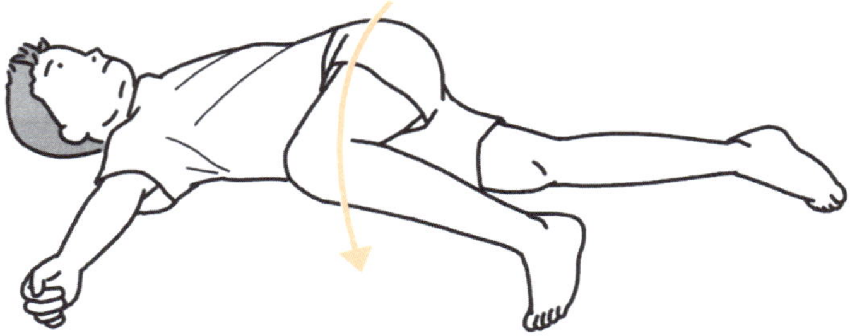

❷ ひざを曲げたまま体の右側に倒して20秒間ストレッチする

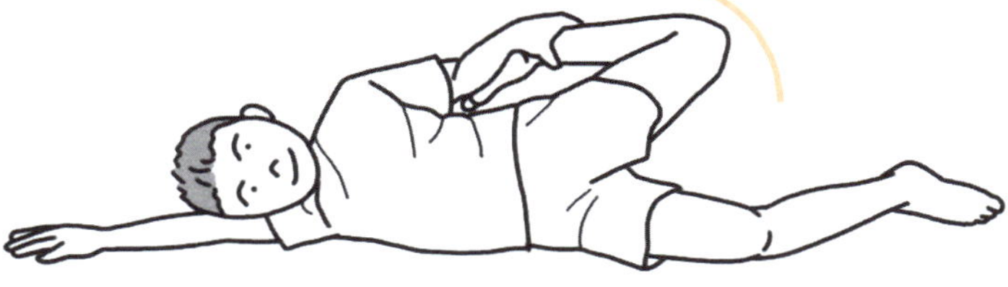

❸ 左手で左足の足首を持って背中のほうへ20秒間引きつける。右足も同様に①〜③を行う

座りながらの前屈1

左右の足の裏を合わせて座り、背すじを伸ばして息を吐きながら、上体を前に倒して顔を足に近づけて20秒間ストレッチする

座りながらの前屈2

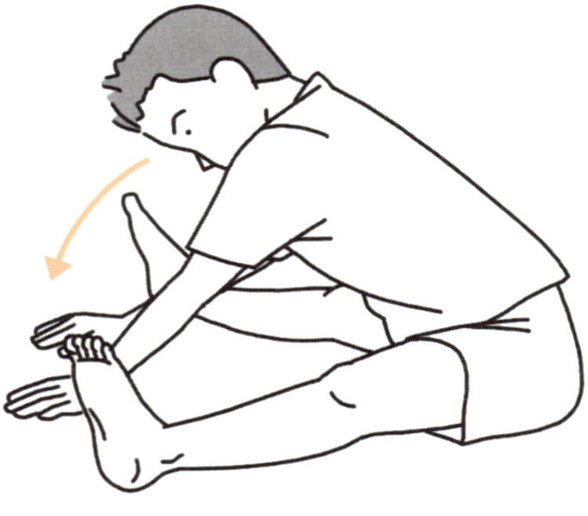

❶ 床に座って足を広げ、背すじを伸ばして息を吐きながら、上体を前に倒して20秒間ストレッチする

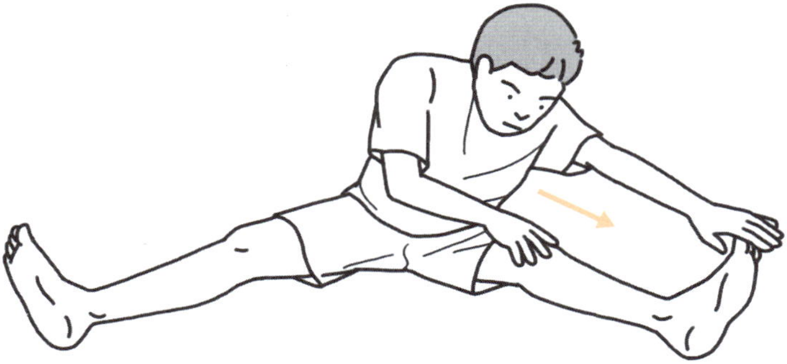

❷ 右手で左ひざを軽く押さえ、左手で左足のつま先をさわるよう意識して上体を左へ倒して20秒間ストレッチする

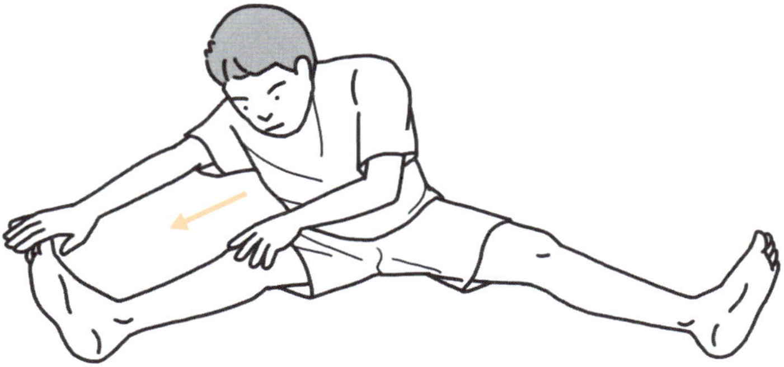

❸ 左手で右ひざを軽く押さえ、右手で右足のつま先をさわるよう意識して上体を右へ倒して20秒間ストレッチする

ハムストリングストレッチ

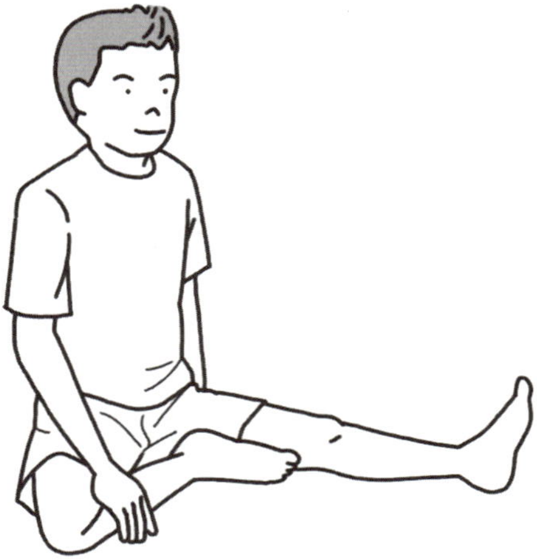

❶ 床に座って左足を伸ばし、右足の裏を左太ももにつけるように曲げる

❷ 左足の方向に上体を倒し、左手でつま先や足首をつかみ20秒間ストレッチする。このとき左足のひざを右手で押さえておく。右足でも同様に①②を行う

アキレス腱のストレッチ

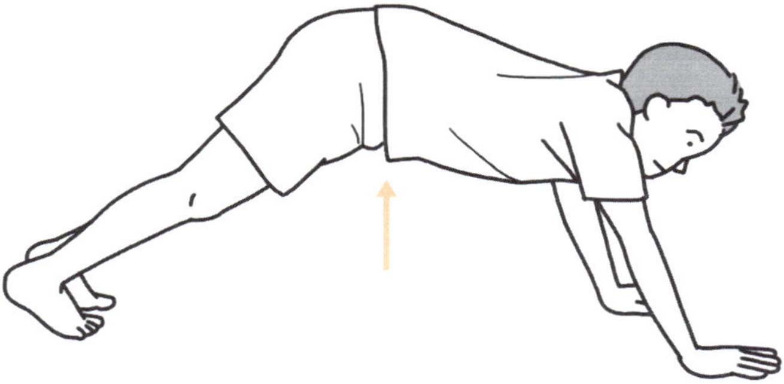

❶ 四つんばいになり、腕立て伏せの姿勢から腰を引き上げる

❷ かかとを床に近づけるようにして、アキレス腱を伸ばし20秒間ストレッチする

スフィンクス

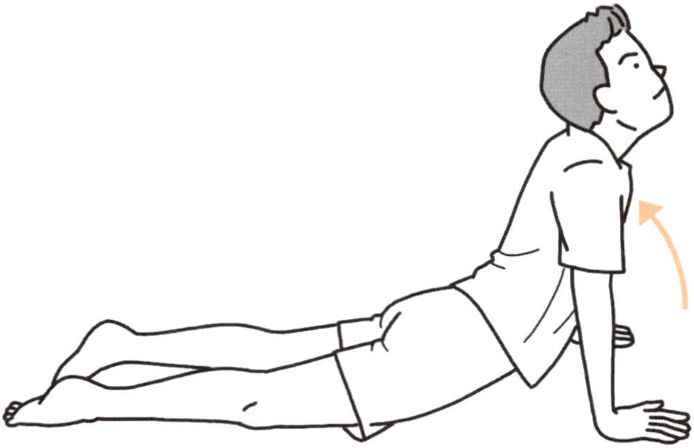

❶ うつぶせになって両手を床に着け、腕を伸ばして上体を起こす。あごを上げて20秒間、腹筋をじゅうぶんにストレッチする

❷ お尻を後ろへ突き出すようにし、背中を20秒間ストレッチする

クワドストレッチ

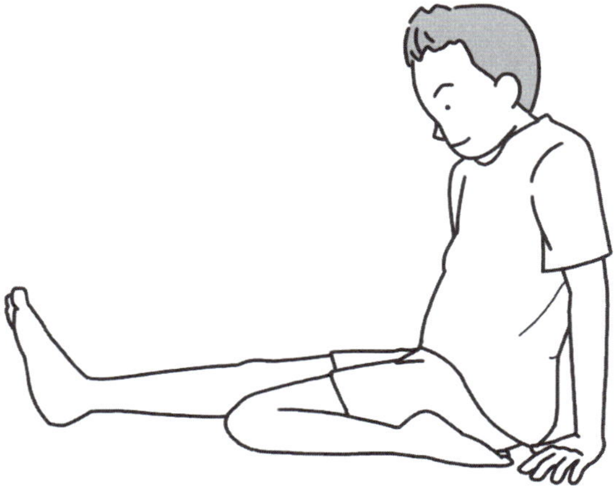

❶ 床に座って右足を伸ばし、左足は背中のほうへ曲げる

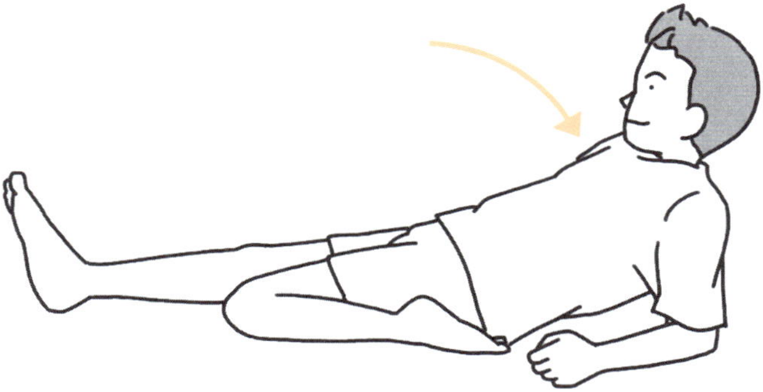

❷ 左足の太ももが伸びている感覚を得られるところまで後ろ側へ体重をかけ、20秒間ストレッチする。右足でも同様に①②を行う

肩のストレッチ1

床に座り、右腕を耳の横から真上に上げ、ひじを後方に曲げる。右ひじに左手を添え、右ひじを突き上げるような意識で左手で押していき、20秒間ストレッチする。左腕も同様に行う

肩のストレッチ2

イスに座り、手のひらが自分のほうを向くようにして右腕を体の前で胸と平行に伸ばす。右ひじが曲がらないよう注意しながら、左腕で下からすくうように右腕を抱え、20秒間、胸に引き寄せる。左腕も同様に行う

セルフストレッチ1

❶ 床に両ひざを着けて座り、両手の指先を自分に向けて手のひらを床に着ける。この姿勢から上体を後ろに引いていき、腕の内側の筋肉を20秒間ストレッチする

❷ 床に両ひざを着けて座り、両手の指先を自分に向けて手の甲を床に着ける。この姿勢から上体を後ろに引いていき、腕の外側の筋肉を20秒間ストレッチする

セルフストレッチ2

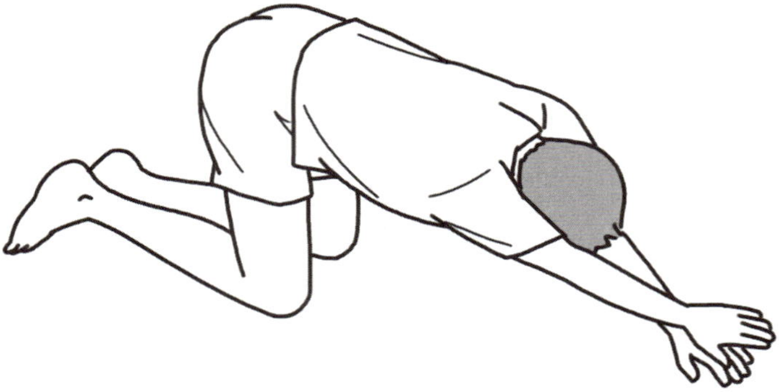

❶ 床に両ひざを着け、両手を頭の上で交差して上体を倒す

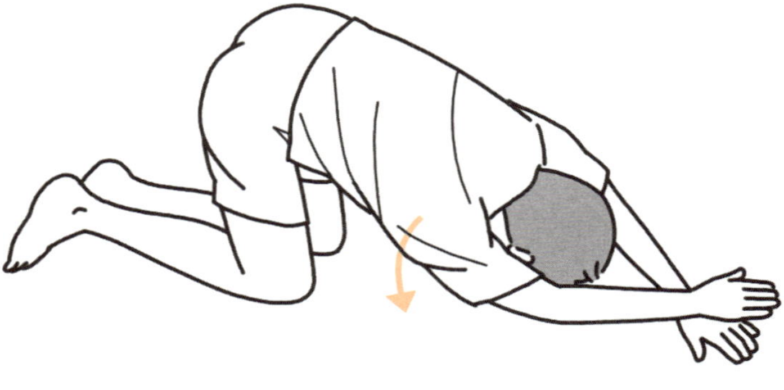

❷ 上になっている手と同じ側の肩を床に引きつけるような感覚で20秒間ストレッチする。手の交差を反対にして同様に行う

大胸筋のストレッチ

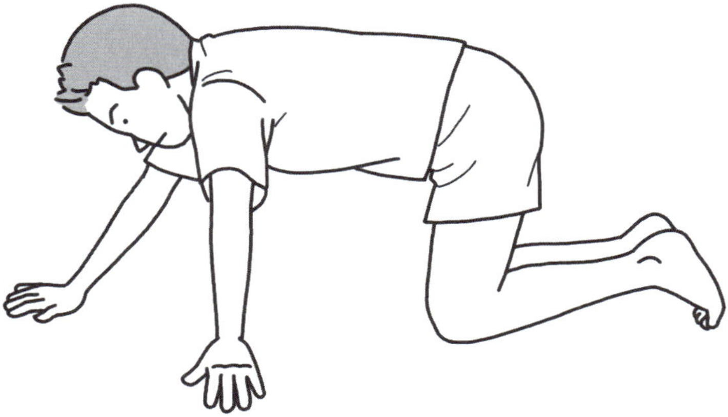

❶ 床に両ひざを着け、右手は前方に、左手は体の外側に向かって30度ほど開く

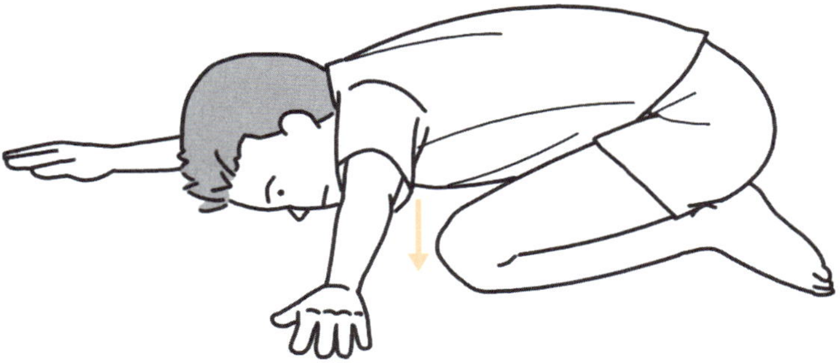

❷ ひじを伸ばしたまま上体を倒し、左肩を床に引きつけるような感覚で20秒間ストレッチする。左右の手を逆にして同様に行う

両ひざ横倒し

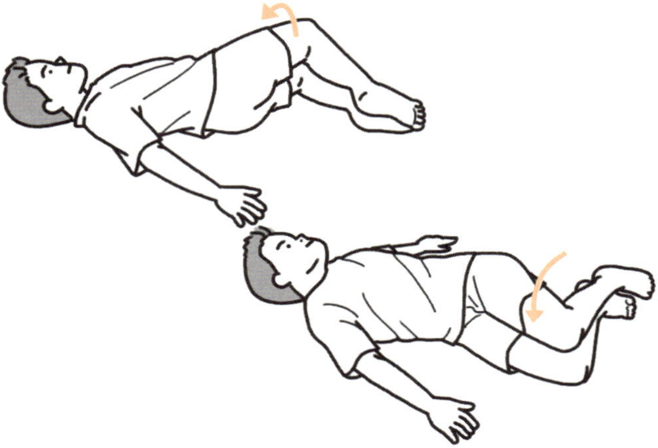

あおむけになって両ひざを曲げ、左右に倒す。左に倒して1回、右に倒して1回とし、10回行う。肩を動かさないよう行うこと

足首のストレッチ

壁に両手をつけて立ち、右足を左足の外側に交差させ、右足の足首を伸ばすように20秒間ストレッチする。左足も同様に行う

手首のストレッチ

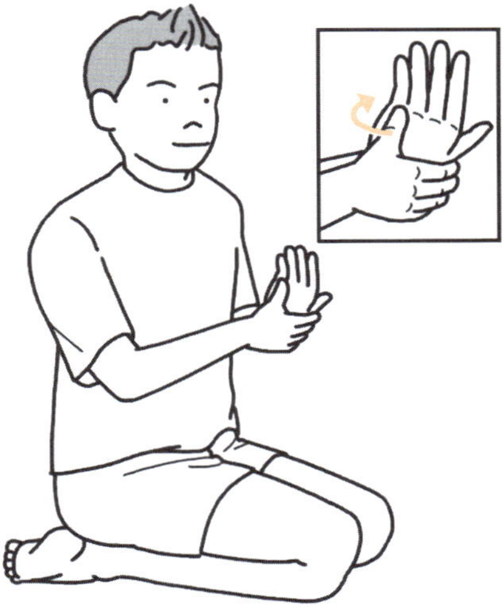

床に座り、左手の手のひらを上に向け、右手で左手を体の外側へ向けて軽く20秒間ひねる。反対の手も同様に行う

首のストレッチ

床に座り、右腕を背中に回して左手で右手首をつかみ、左方向へ引っぱる。同時に首も左側に倒して20秒間ストレッチする。反対側も同様に行う

腸腰筋《ちょうようきん》のストレッチ

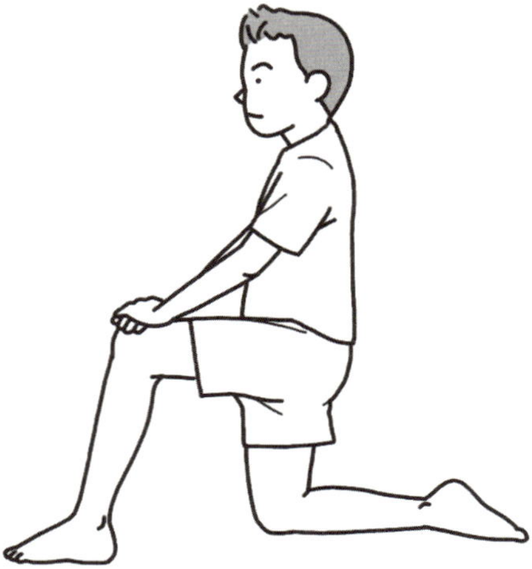

❶ 両ひざ立ちの姿勢から、ひざの角度が120度くらいになるよう左足を前に出し、両手を左ひざの上に置く

❷ 胸をはってあごを上げ、体重を前にかけて20秒間ストレッチする。反対の足でも同様に行う

股関節《こかんせつ》のストレッチ

❶ 床に座って左足を後ろに伸ばし、右足は体の前方で曲げる

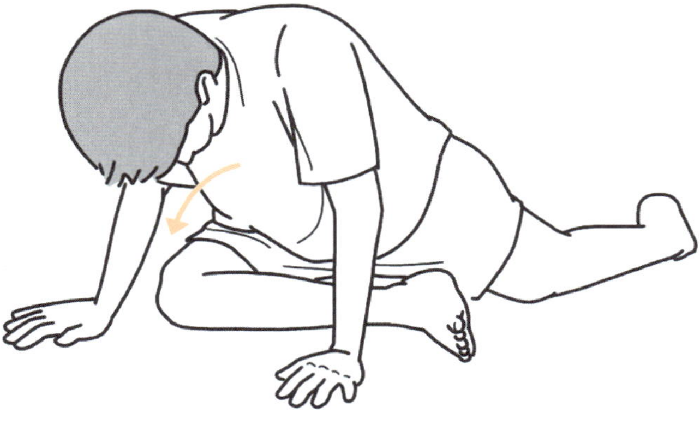

❷ 股関節を意識しながら上体を前に倒して20秒間ストレッチする。反対の足でも同様に行う

◆スポーツにおける見る力「視機能」

「百聞は一見にしかず」ということわざがあるように、私たちが生活するうえで、目からの情報はとても重要です。スポーツをやるうえでは、目からの情報はさらに大切になります。

一般に目のよさは「視力」という物差しで測られます。しかし、スポーツで重要な「見る力」は、視力だけではありません。

スポーツにおける見る力とは、ゲームセンターにある「モグラたたき」が上手にできる能力といえるでしょう。モグラたたきは、いくつもの穴のどこかから出てくるモグラの頭を柔らかいハンマーでたたくというゲームです。どこの穴からいつモグラが出てきても、それを瞬時に見て判断してたたかなくてはならないので、単に視力がよいだけでは得点につながりません。

スポーツでいうと、サッカー選手の両目の視力が1.5あっても、周囲の状況を見て、あいているスペースを見つけたり、パスをもらおうと走っている選手の動きや、迫りつつあるディフェンダーの動きを判断できたりするとは限らないのと同じです。

動いている物を的確に判断する「動体視力《どうたいしりょく》」や、味方や相手との距離を見きわめる「深視力《しんしりょく》」など、動きのなかで見たものを情報として正確に脳に伝え、プレーに結びつける力が「スポーツにおける見る力」です。これを「視機能《しきのう》」といいます。もちろん、視機能には、土台となる視力も重要です。

一流のスポーツ選手は、この視機能がすぐれています。日本のプロ野球チームを対象に行ったある研究では、新入団選手の視機能を測定し、その後の活躍を追ったところ、一軍・二軍を問わず登録された選手は入団時の視機能がすぐれていました。また、プロ野球選手のなかでもトップクラスのある選手は、アマチュア時代から視機能が抜きん出てすぐれていたという結果も出ています。

このような視機能は、子供時代の外遊びによっても養われます。鬼ごっこなどのおおぜいでの遊びはもちろん、河原で石の上を跳び回っても、公園のジャングルジムやすべり台でも、見て体を動かすことにつながります。

また、室内でも、カルタ遊びや、身のまわりにある物を使って工夫すれば、遊び感覚で視機能を養うことができます。

研究者によっては、スポーツに必要な情報の90%は目から得ているという意見もあります。筋力や持久力のことを考える前に、視機能を養うことに目を向けてください。

図4-2 視機能を養うトレーニング

カレンダーを使ったトレーニング

カレンダーの日付を1→31、2→30、3→29……の順番に目で追い、声を出して読み上げる

雑誌を使ったトレーニング

雑誌の適当なページを1秒間だけ開いて見て、何が書いてあったかを思い出す

ボールを使ったトレーニング1

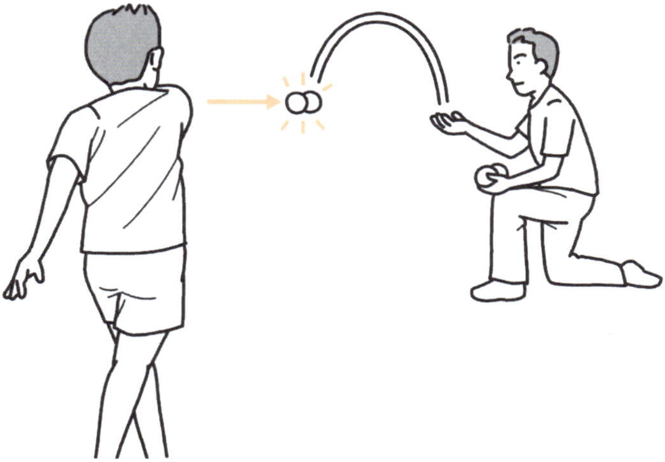

パートナーが軽くトスしたボールに、自分のボールを投げて当てる

ボールを使ったトレーニング2

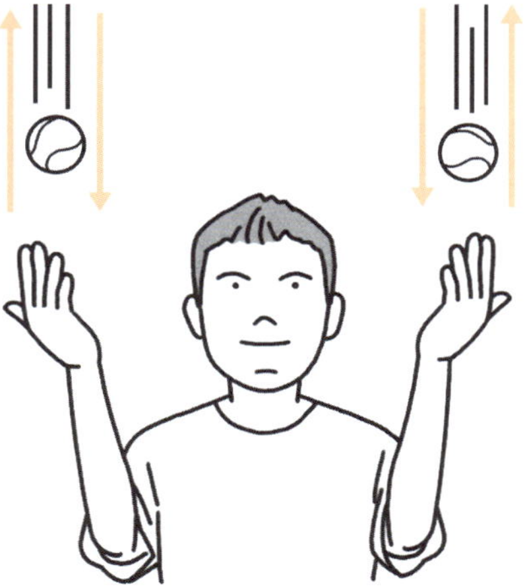

両手に持ったボールを同時に投げ上げてキャッチする

トランプを使ったトレーニング

床に数字が上になるようにトランプを広げ、1人が読み上げた数字のトランプをカルタ取りの要領で取る。親子で行い、取った枚数を競うのもよい

電車やバスを使ったトレーニング

電車やバスの窓から見える駅名や看板の文字や絵を読み取る。顔を動かさず、目だけで追うと効果的

◆小学4～6年生のドリルメニュー

以下に、10～12歳向けのドリルメニューを紹介します。

ここでは、いくつかのトレーニング器具などが登場しますので、簡単に説明しておきましょう。

まず、図4-12～14で使うバランスビームとは、長さ4メートル、幅が8～10センチの角材でできた平均台のことです。

次に、図4-15で使うバランスボードとは、平らな板の下に丸い棒状の木材が取り付けられていたり、平らな板の真ん中をくりぬいて、そこにボールをはめ込んでいたりする、バランスをとるためのトレーニング器具です。

また、図4-17・18で使うバランスディスクとは、直径30センチ程度の円盤状をしたゴム製のトレーニング器具です。

さらに、図4-24・25で使うバランスボールとは、直径50センチ程度のゴム製のボールです。

最後に、図4-31～33で使うラダーとは、地面に置いて使うハシゴ状のトレーニング器具です。

いずれもスポーツ用品店などで購入することができますが、バランスビームやバランスボード、ラダーは手作りも可能です。

図4-3～37のなかから、いろいろと組み合わせて、1日5メニューを目安に行いましょう。

図4-3 輪ゴム筋トレ

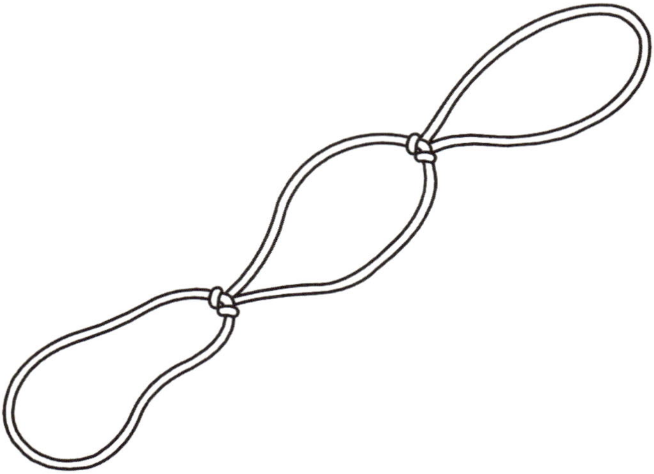

❶ 輪ゴムを3本つないだものを用意する

❷ ①の輪ゴムを両手で持ち、イスに座り机などに両ひじを着いて顔の前で輪ゴムを伸ばしたり縮めたりを20～30回くり返す

図4-4 閉眼バランス1

軽く目をつぶり、床の上に片方の足で立ってバランスをとる。上げた足が床についたら足を替えて行う

図4-5 閉眼バランス2

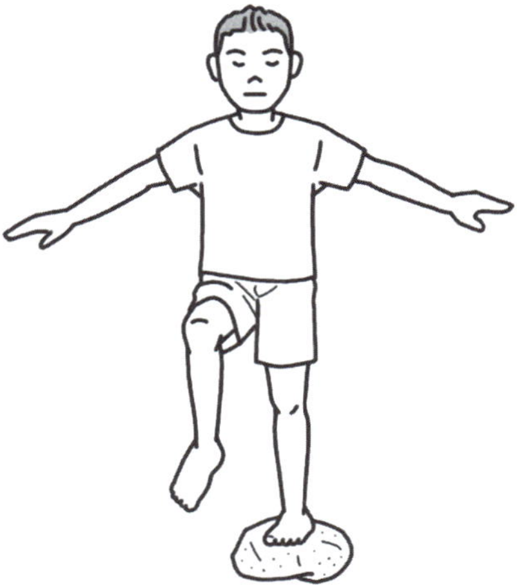

大きめの石の上に立ち、足もとが多少不安定な状態で軽く目をつぶり片方の足で立ってバランスをとる。石から落ちたら足を替えて行う

図4-6 ファンローテーション

❶ 両足を肩幅に開いて立ち、適当な大きさのうちわを右手で持つ

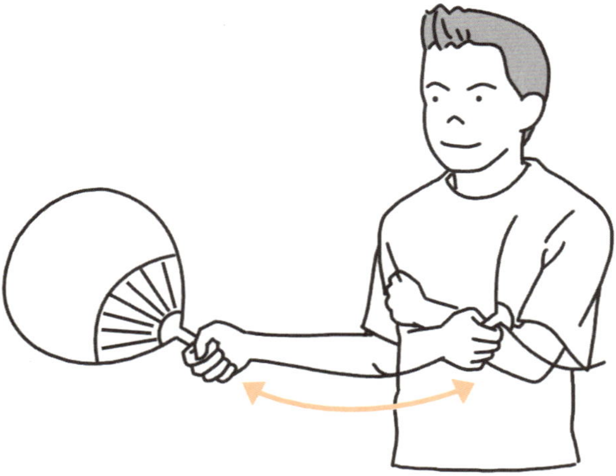

❷ 左手を右わきに入れ、右ひじで締めるよう密着させる。その状態でにうちわを左右に振る。このとき右ひじはわきから離さないようにし、手首を使わずひじの動きでうちわを振るよう注意すること。左右の腕でそれぞれ20～30回行う

図4-7 ファン斜外内転

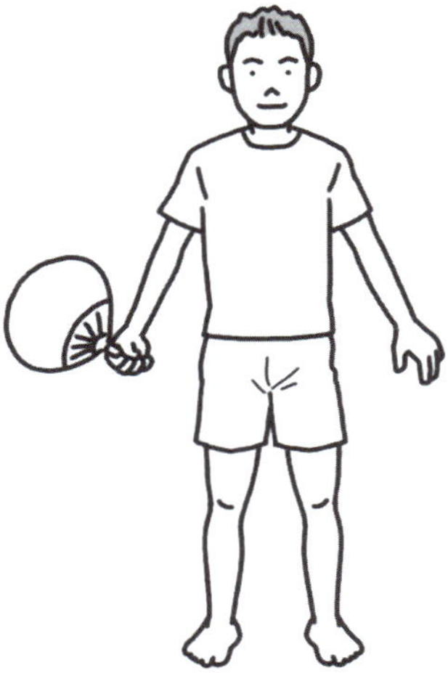

❶ 両足を肩幅に開いて立ち、適当な大きさのうちわを右手で持つ

❷ 両肩のラインに対して前方45度の角度に腕を伸ばし、うちわを上下に振る。このときひじ、手首は使わず、腕が1本の棒になったような意識で肩を使ってうちわを振る。左右の腕でそれぞれ20～30回行う

図4-8 テイクバック

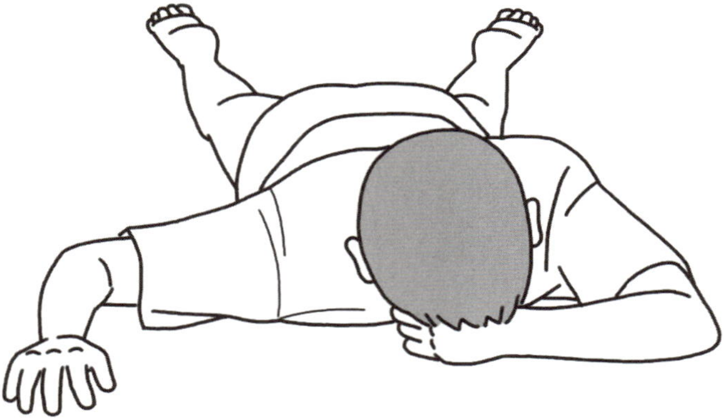

❶ うつぶせになって、わきとひじが90度になるよう右手を上げる

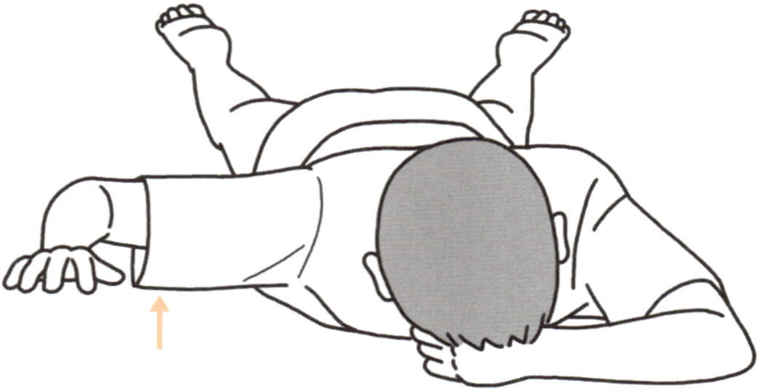

❷ 肩甲骨《けんこうこつ》を背骨に引きつけるようなつもりで、肩とひじを持ち上げ5秒間静止する。①の姿勢に戻りリラックスしてからまた行う。15〜20回行ったら左手でも行う

図4-9 ゼロポジション

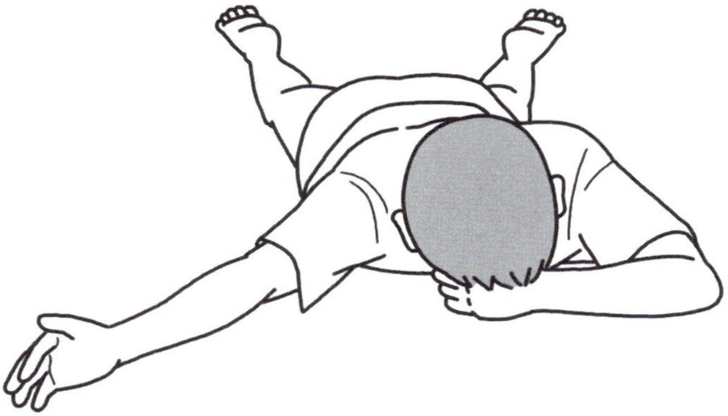

❶ うつぶせになって、両肩のラインに対して45度前方に右腕を伸ばす

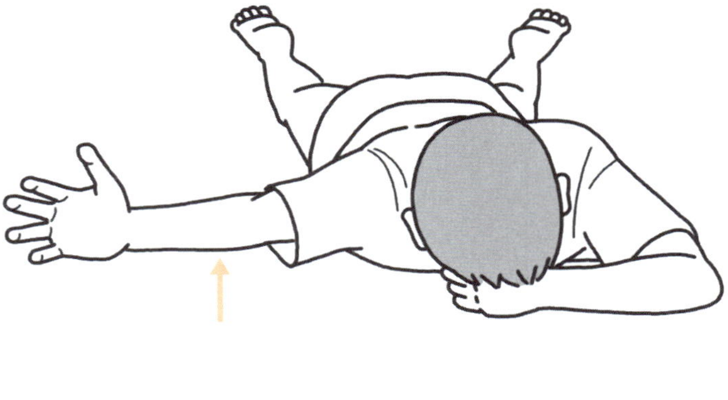

❷ 肩甲骨を背骨に引きつけるようなつもりで、腕全体を持ち上げ5秒間静止する。①の姿勢に戻りリラックスしてからまた行う。15～20回行ったら左手でも行う

図4-10 リアクショントレーニング

ツイスト

❶ パートナーと向き合って両足を肩幅に開いて立ち、ひざと足首を曲げてやや中腰の姿勢をとる。手を軽く握り、ひじを曲げて両腕を肩の高さまで上げる

❷ パートナーの動きに合わせ、体を左右に回したり、腰を落としたりなどの動作を行う。このとき、顔は動かさず正面を向いたままにしておくこと。一つの動作が終わったあとは、できるだけ早く①の姿勢に戻る。10～15秒行う

ハンドワーク

❶ パートナーと向き合って両足を肩幅に開いて立ち、ひざと足首を曲げてやや中腰の姿勢をとる。手を軽く握り、ひじを曲げて両腕を肩の高さまで上げる

❷ パートナーの動きに合わせ、左右いずれかの腕や両腕を伸ばす動作を行う。このとき、ひじは完全に伸ばし、顔は動かさず正面を向いたままにしておくこと。一つの動作が終わったあとは、できるだけ早く①の姿勢に戻る。10〜15秒行う

ステップ

❶ パートナーと向き合って両足を肩幅に開いて立ち、ひざと足首を曲げてやや中腰の姿勢をとる。手を軽く握り、ひじを曲げて両腕を肩の高さまで上げる

❷ パートナーの動きに合わせ、前後左右にステップを踏む。このとき、顔は動かさず正面を向いたままにしておくこと。一つの動作が終わったあとは、できるだけ早く①の姿勢に戻る。10〜15秒行う

図4-11 反復横跳び

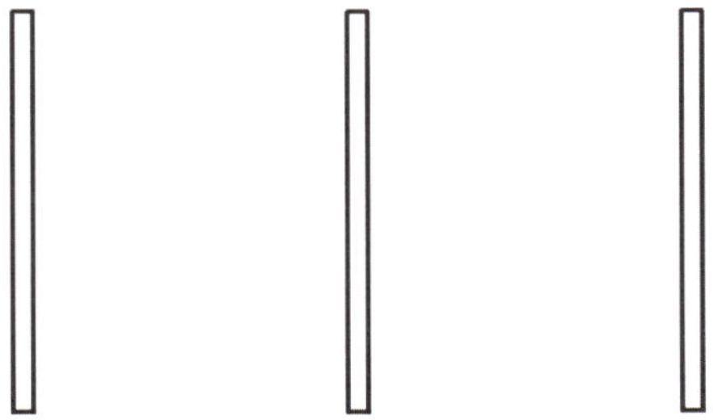

❶ 床や地面に目印になる3本の線を60～70センチ間隔で引く

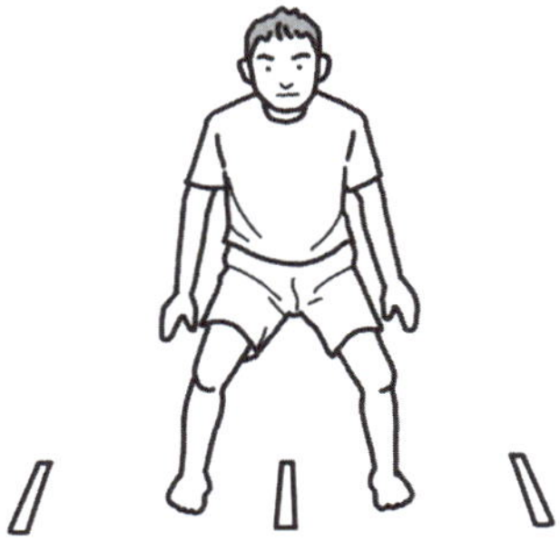

❷ 中央の線をまたいで立ち、やや中腰の姿勢をとる

❸ 合図と同時に、3本の線の間を左右にステップする。30回を1セットとし2セット行う

図4-12 バランスビームウォーキング

❶ 右足を前にして立ち、左足のつま先を右足のかかとにつけて立つ。このとき、視線は正面を向き、足もとを見ないよう注意すること。まずこの状態で、しばらく静止する

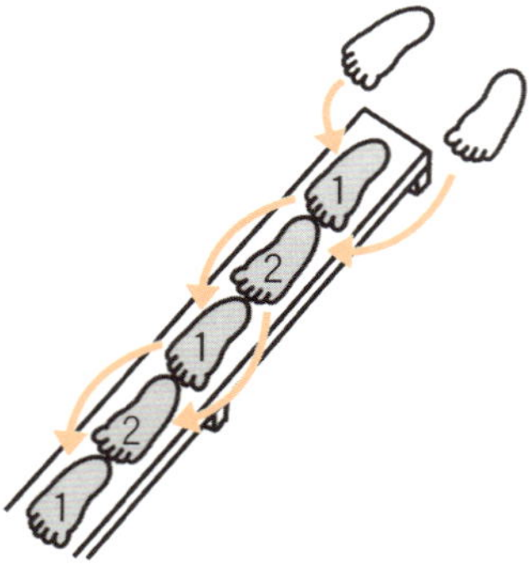

❷ 腕でバランスをとらないために両腕を体のわきに軽くつけたまま、足もとを見ずに1歩ずつ前進する。このとき、前に出した足のかかとは、後ろになった足のつま先につけながら歩くことが重要

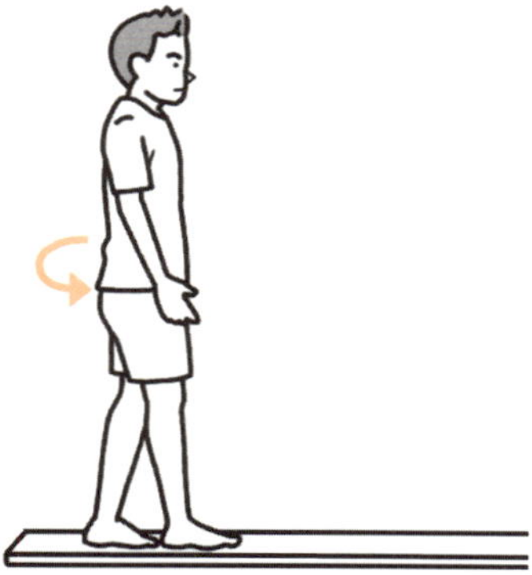

❸ はしまで歩いたら、向きを変えて同様に歩く。5往復行う

図4-13 バランスビームランジ

❶ 右足を前にして立ち、左足のつま先を右足のかかとにつけて立つ。両腕を広げて肩の高さに上げてバランスをとる

❷ 左足を1歩前方に出し、バランスをとりながら左ひざが直角になるまでゆっくり腰を落とし静止する。このとき、視線は前方に向け、足もとを見ないよう注意する

❸ ゆっくりとした動作で①の姿勢に戻る。①～③の動作を連続で10回行い、左右の足を替えて同様に行う

図4-14 バランスバレエ

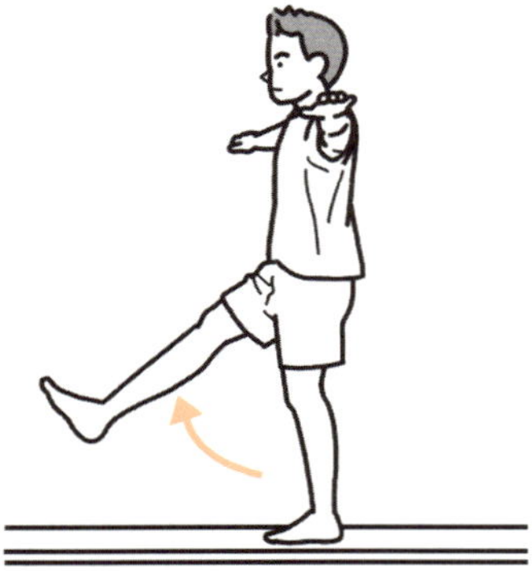

❶ 左足だけで立ち、ひざを曲げずに、右足をゆっくりと前方に45度程度まで上げ、ゆっくりと元に戻す。この動作を4回くり返し、足を替えて同様に行う

❷ ①と同じ姿勢から、右足をゆっくりと後方45度程度まで上げ、ゆっくりと元に戻す。この動作を4回くり返し、足を替えて同様に行う

❸ ①と同じ姿勢から、右足をゆっくりと横方向に45度程度まで上げ、ゆっくりと元に戻す。この動作を4回くり返し、足を替えて同様に行う

図4-15 バランスボード

バランスボードの上に両足を肩幅に開いて立ち、ボードの両端が床に着かないよう腕や全身を使って左右のバランスをとる最初は10秒間を目標とし、できる限り長く行うようにする

図4-16 石ころバランス

石ころを数個用意し、大股で両足が乗る程度の間隔に並べる。バランスをとりながら石の上をゆっくりと歩く。石の上を歩くさいは、ジャンプをするのではなく、一つひとつの石の上で1～2秒間静止するつもりでゆっくりと行う

図4-17 ディスクスクワット（2個）

❶ バランスディスクを2個、肩幅の間隔で並べ、その上に左右の足を乗せて立つ

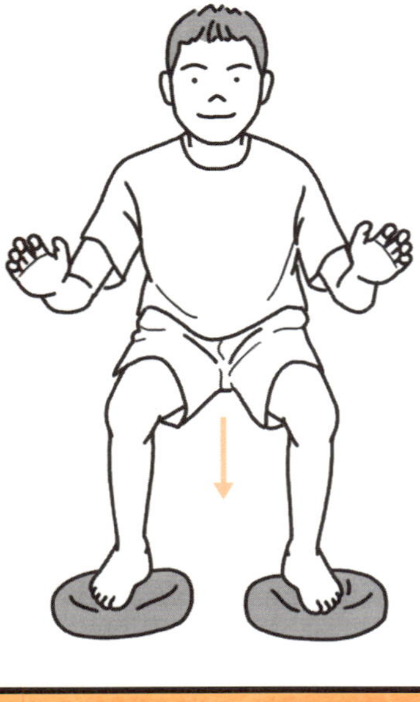

❷ ひじを曲げた状態で両腕を胸の前に上げ、ひざが90度になるまで腰を落とすことを20回くり返す。危険防止のため、最初のうちは親御さんや指導者が補助について行う

図4-18 ディスクスクワット（1個）

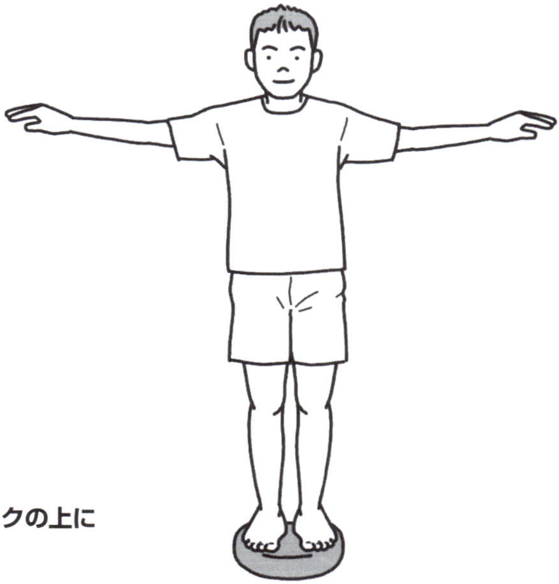

❶ 1個のバランスディスクの上に両足で立つ

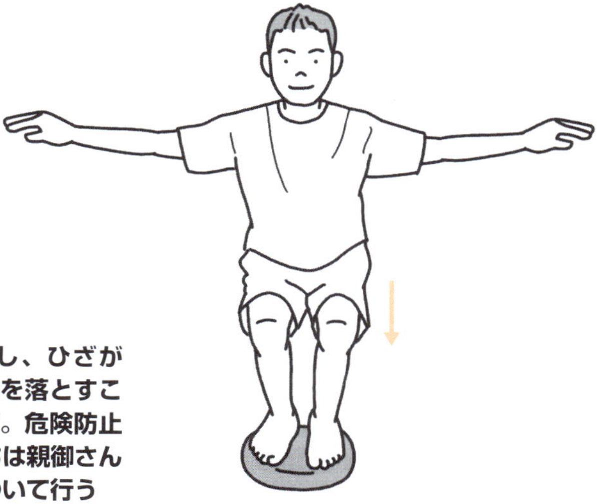

❷ 両腕を左右に伸ばし、ひざが90度になるまで腰を落とすことを20回くり返す。危険防止のため、最初のうちは親御さんや指導者が補助について行う

図4-19 ヒップアップ

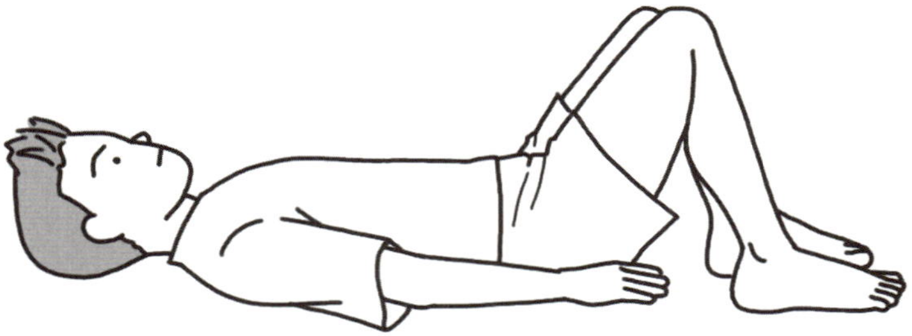

❶ ひざを曲げた状態であおむけになり、両手は自然にわきに置く

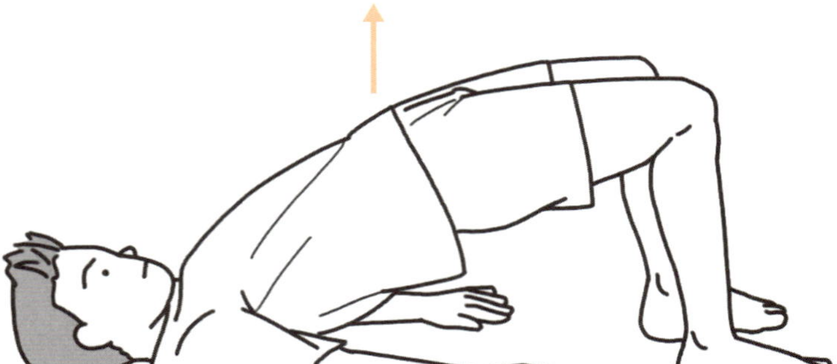

❷ 肩甲骨を床から離すように腰を上げ、一度静止したら①の姿勢に戻る。15回を目安に行う

図4-20 クランチャー

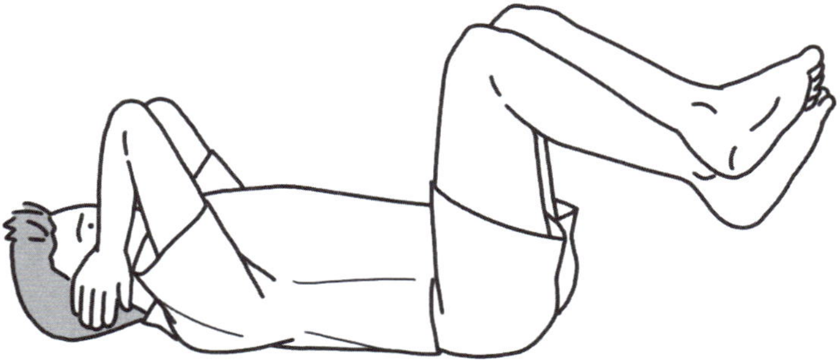

❶ あおむけになり、ひざが直角になるよう足を組む

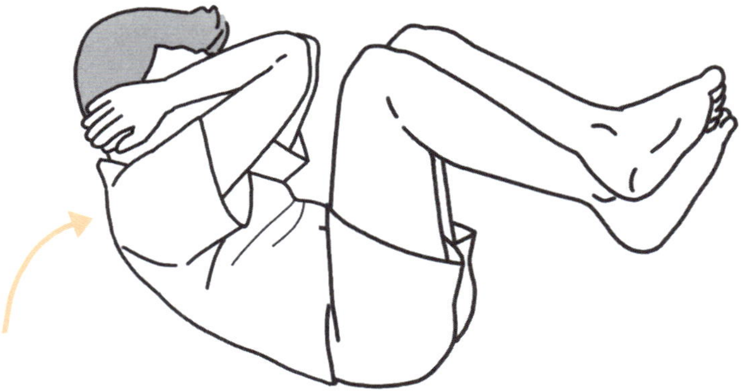

❷ 両手を耳に当て、へそを見るように素早く上体を起こし、①の姿勢に戻る。15回を目安に行う

図4-21 スーパーマン

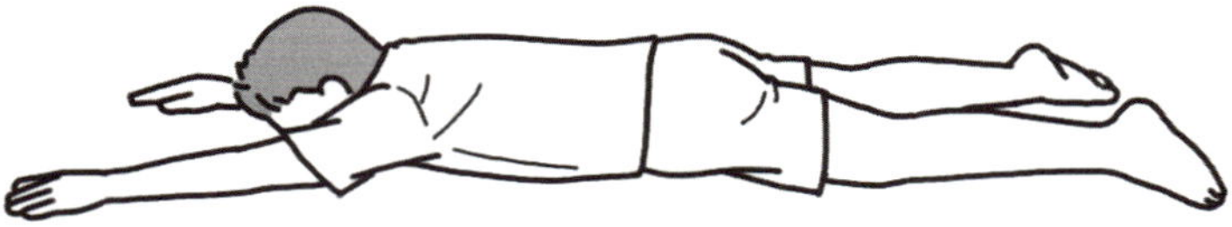

❶ うつぶせになって両手を前方に伸ばし、手足を肩幅よりやや広めに開く

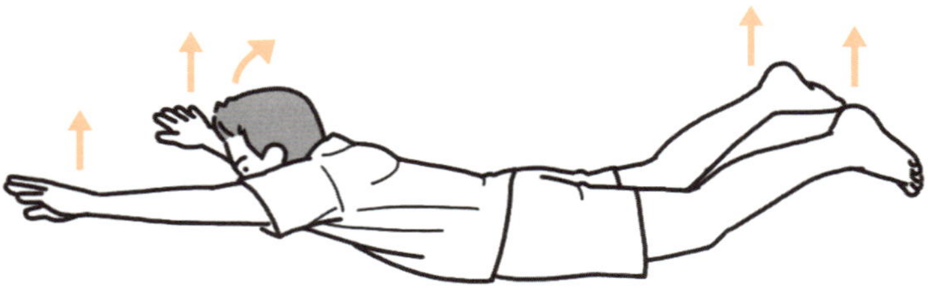

❷ 背中の下のほうに力を入れて両手、両足、顔を上げ、そのままの状態を3秒間維持し、①の姿勢に戻す。15回を目安に行う

図4-22 タワー

❶ 両ひざを立てた状態であおむけになり、足を肩幅程度に開く

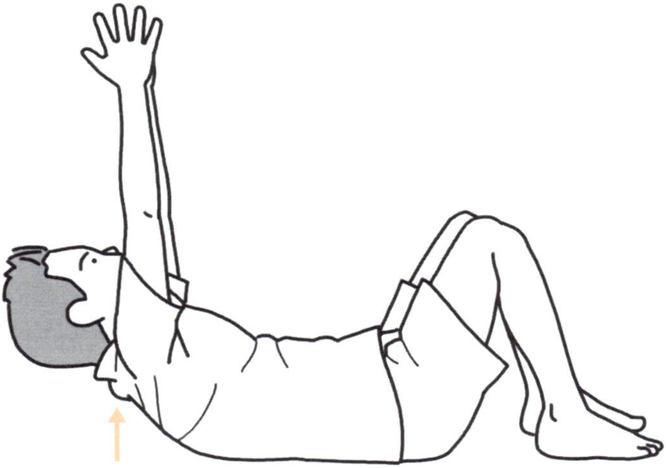

❷ 両手を合わせて腕を上に伸ばし、腹筋に力を入れて肩甲骨を床から浮かせる。いったん静止したら①の姿勢に戻り、再び行う。このとき、視線は合わせた両手を見るようにする。15回を目安に行う

図4-23 手足交互上げ

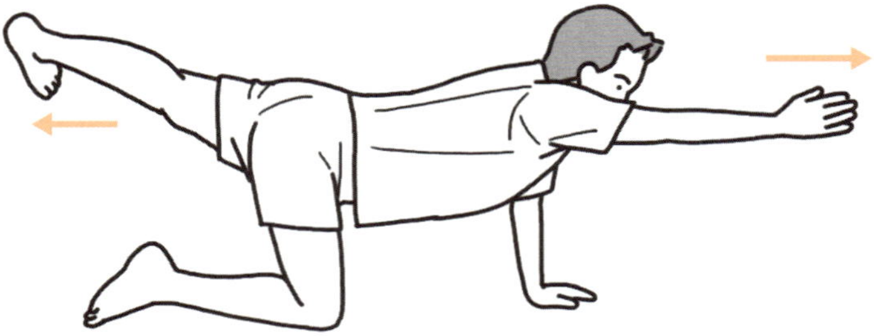

❶ 四つんばいになり、右腕と左足を上げて思いきり伸ばす。視線は指先を見て、朝起きたときに伸びをするような意識で行うとよい

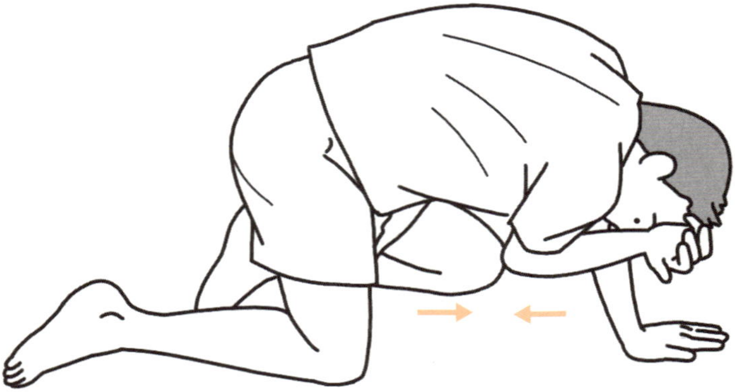

❷ 右ひじと左ひざを曲げてくっつけ、腹筋に力を入れて5秒間静止する。左腕と右足でも同様に行い、片側10回を目安に行う

図4-24 バランスボールカール

❶ あおむけになってバランスボールにかかとを乗せ、腰を浮かし、両手を自然にわきに置く

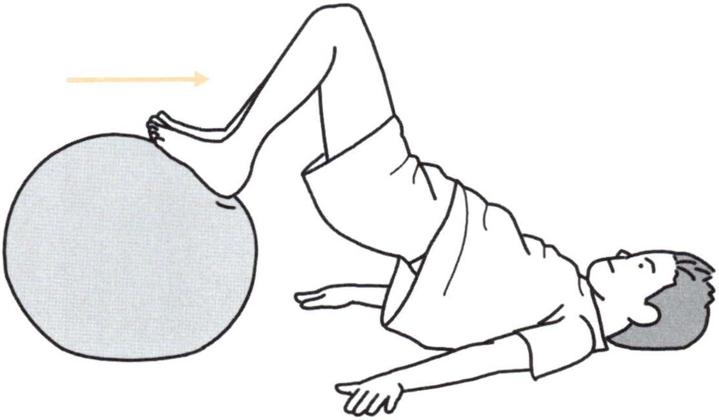

❷ 腹筋、背筋、足の筋肉に力を入れ、バランスボールをお尻に引きつける。10回を目安に行う

図4-25 バランスボールインナーサイ

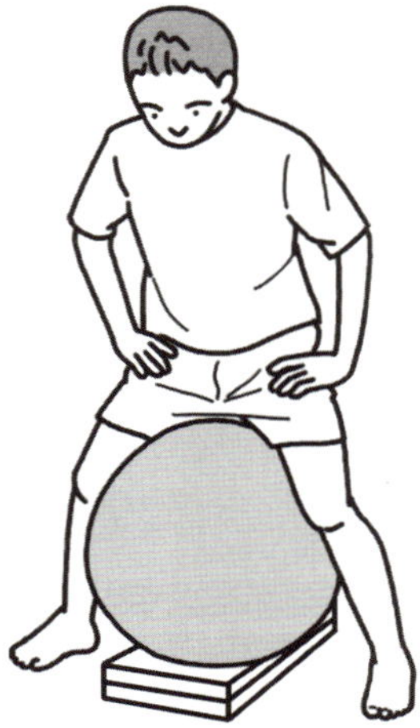

❶ バランスボールにまたがり、両手を腰に当てる。バランスボールに座るのではなく、ひざが軽く曲がる程度で行う。バランスボールの下に板や厚い本などを置き、高さを調節するとよい

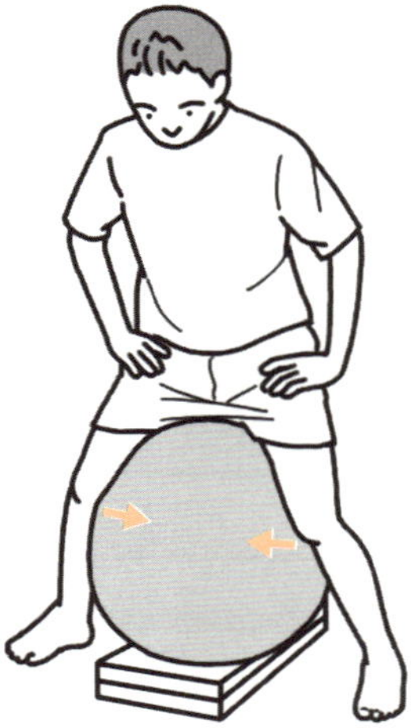

❷ 両足の太ももの内側に力を入れ、バランスボールを両足ではさみつける。10回を目安に行う

図4-26 チューブリストカール

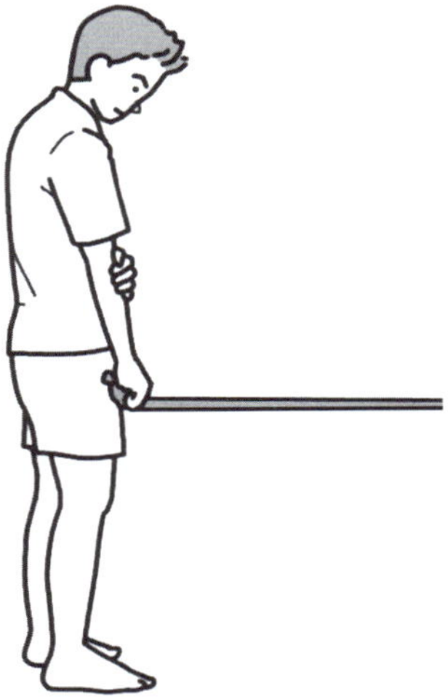

❶ 両足を肩幅に開いて立つ。右ひじを体の側面につけた状態で右手でゴムチューブを握る。ひじが動かないように左手を添えて押さえるとよい

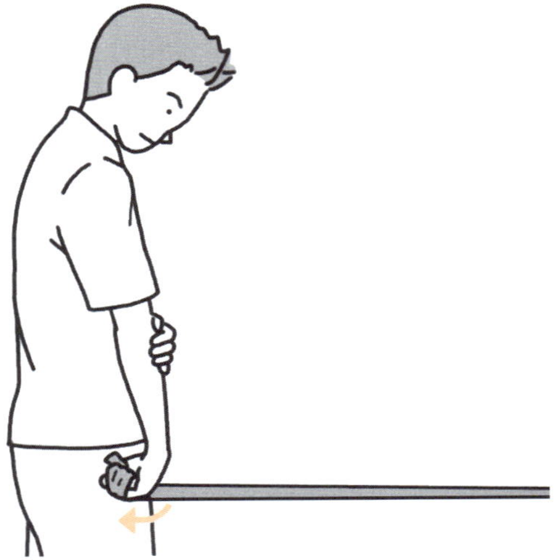

❷ 肩やひじを使わず、手首を曲げてチューブを後方に引っぱる。20回を目安に行い、左手でも同様に行う

図4-27 チューブリストエクステンション

❶ 後ろを向いて両足を肩幅に開いて立つ。右ひじを体の側面につけた状態で右手でゴムチューブを握る。ひじが動かないように左手を添えて押さえるとよい

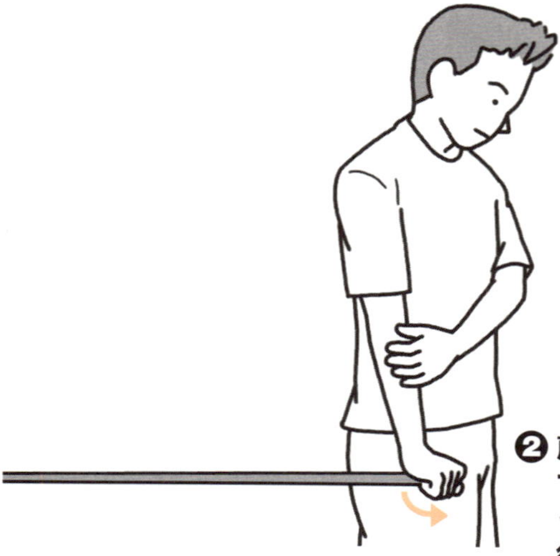

❷ 肩やひじを使わず、手首を曲げてチューブを前方に押し出すように引っぱる。20回を目安に行い、左手でも同様に行う

図4-28 トゥレイズ

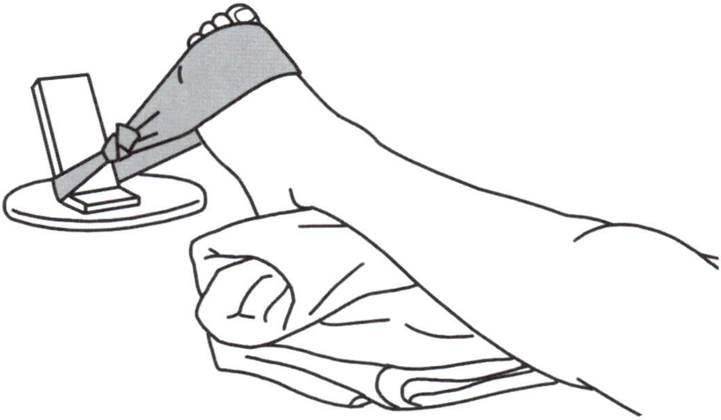

❶ 足を前に投げ出した状態で座り、左足のつま先にゴムチューブをかける。かかとが床から浮くように、足首の下にタオルなどを敷いて固定するとよい

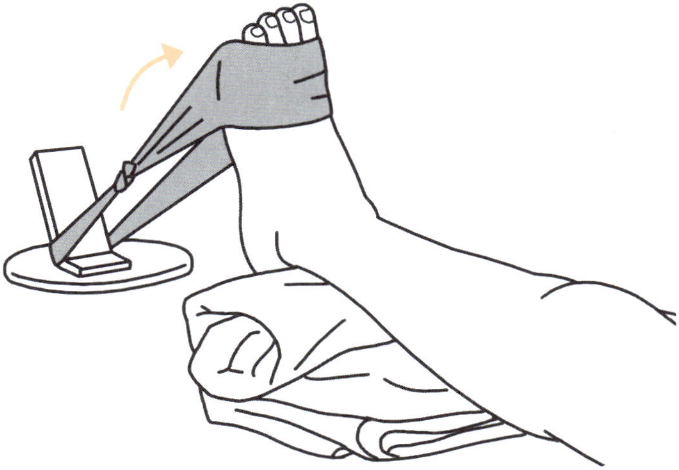

❷ 足の甲側を伸ばした状態から、足首が最大限に曲がるところまでチューブを引っぱり3秒間静止し元の状態に戻す。15回を目安に行い、右足でも同様に行う

図4-29 カーフレイズ

❶ 台の上に右足で立つ。かかとは台からはずれるようにし、足の第一指（親指）のつけ根の位置で台の上に立つ。補助のため壁などに手をつくとよい

❷ かかとを最大限に下ろす

❸ つま先立ちをして3秒間静止し、①の姿勢に戻す。15回を目安に行い、左足も同様に行う

図4-30 タオルギャザー

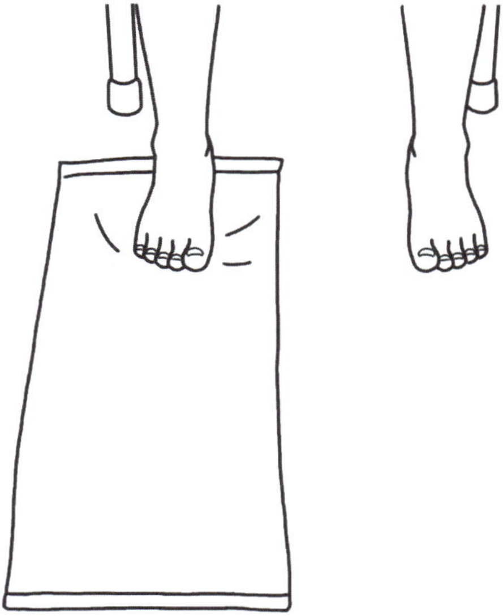

❶ 裸足になってイスに座り、右足の下にタオルを敷く

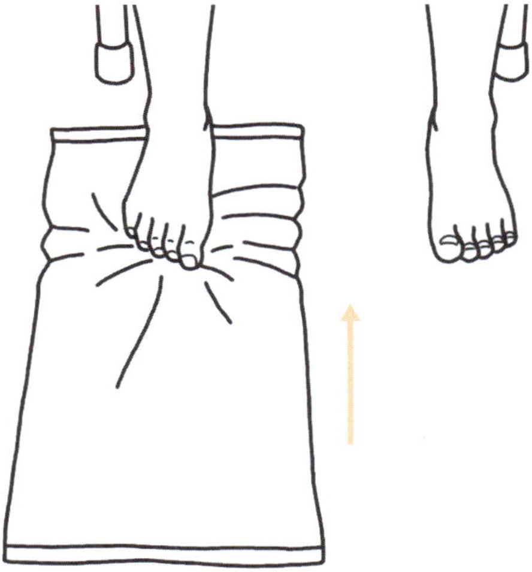

❷ 右足の5本の指でタオルをたぐり寄せる。最後のひとたぐりのさい、指を曲げたままとくに足の第一指（親指）に力を入れて20秒間静止する。30回連続で行い、左足でも同様に行う

図4-31 ラダートレーニング前進

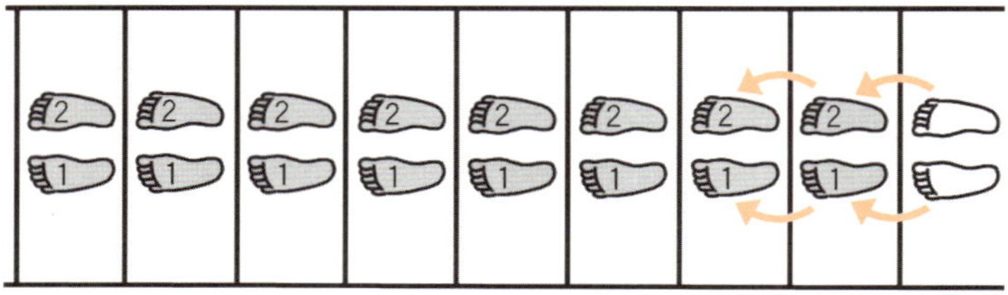

最初のマス目にリラックスした姿勢で立ち、合図と同時に1マスごとに左-右（右-左）と2歩ずつステップしながら前進する。後ろ向きでも行う

図4-32 ラダートレーニング横向き

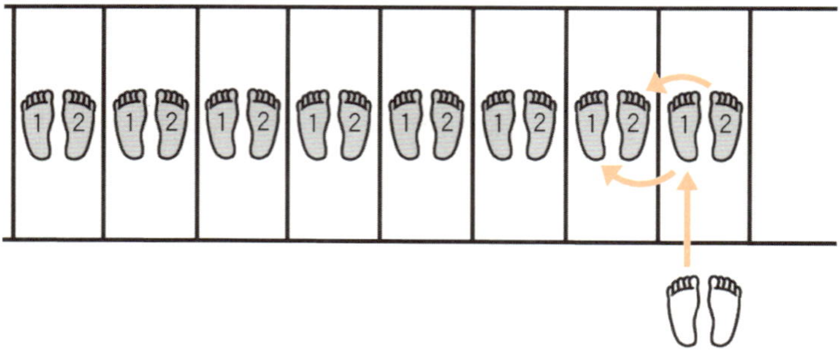

最初のマス目にリラックスした姿勢で横向きに立つ。合図と同時に1マスごとに左-右と2歩ずつステップしながら左方向へ進む。向きを変えて右-左のステップでも行う

図4-33 ラダートレーニンググッパー

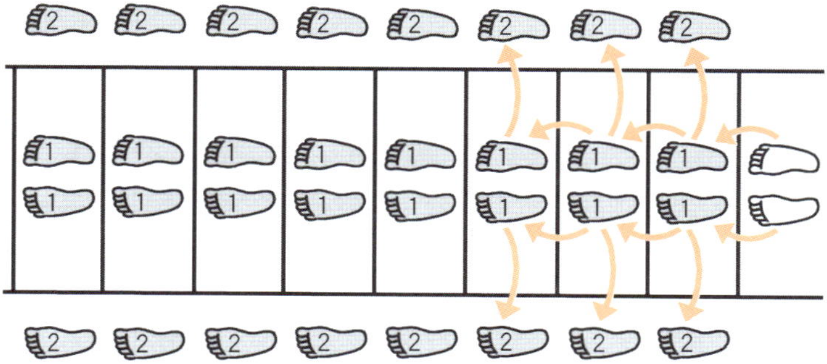

最初のマス目にリラックスした姿勢で立つ。合図と同時に1マス目に両足をそろえて入る。次に1マス目の外側に両足を開いてステップする。この動作をくり返して前進する

図4-34 ドリブルトレース

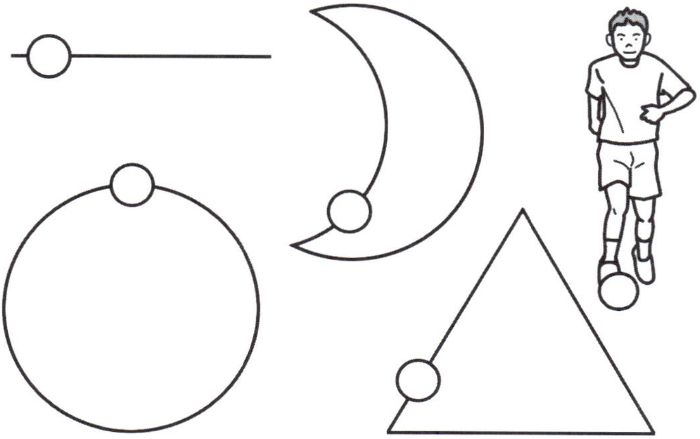

地面に直線や曲線、○や△、□などを描き、サッカーボールを足で転がしながら線や絵をなぞる。一定時間内にどれだけなぞれるか、全部なぞるのにどれくらいかかったかタイムを測る

図4-35 ペットボトル倒し

半分まで水を入れた2リットル入りのペットボトルを10〜12本用意し、安全で広い場所にランダムに置く。親がペットボトルを倒す役、子供がそれを起こす役と決めておき、合図と同時に親が倒したペットボトルを起こしていく。また、1人で全部のペットボトルを倒し、それをすべて起こすまでのタイムを測って、親子で競争してもよい

図4-36 ボール集めゲーム

テニスボールを10個用意し、決められた場所に一定時間内に集められたボールの数を数える。また、全部集めるのにかかった時間を計測する。手で拾って集める、手でドリブルして集める、足でドリブルして集めるなど、いろいろな集め方で行うとよい

図4-37 メンコ

❶ 開いた両足の間との距離が正三角形になる床の上にメンコを投げる

❷ 開いた両足の間との位置が直角三角形になる床の上にメンコを投げる

❸ 開いた両足を結ぶ直線上の床の上にメンコを投げる

◆チーム選びは「楽しく」「安全に」が重要

将来、わが子に何かスポーツをやらせたいと思う場合、そのスポーツのチームに入れるケースがほとんどでしょう。

しかし、小学校低学年までは、いろいろな遊びや運動を行って神経系を発達させるという観点から、ある一つのスポーツを専門的に行うのはさけたほうがよいのは、第3章で述べたとおりです。ただし、スポーツへの興味は養っておくべきで、その方法としてグラウンドや競技場でいろいろなスポーツの生《なま》のプレーを観戦することをおすすめしました。

そのようなことを行ってきた場合、子供たちなりにスポーツを選び、「野球がやりたい」「サッカー選手になりたい」などという気持ちが芽生えてきているはずです。

これまでは、ボールやバットなど、道具を与えていっしょに遊ぶ段階にとどまっていましたが、小学4年生くらいからは、そろそろチーム選びを開始してもよいころです。ただし、そのさいにも、じゅうぶんな注意が必要です。

それにはまず、親子とも時間を惜しまないこと。チームの成績や周囲からの評判だけで、実際に練習などを見に行かずに決めるのは厳禁です。さらに1チームや2チームを見て、「ここにしよう」「どっちにしよう」と選択の幅を狭めるのも同じく厳禁です。さらに、

「ここに入れ」と親が決めるのもいけません。

まず、少なくとも5チーム、できれば10チーム以上を、親子で時間をかけて見学して回ってください。そして、指導者や子供を預けている保護者に話を聞くことも重要です。そのうえで、親子で話し合い、子供に選ばせましょう。

チーム選びのさいに、子供にアドバイスをするとしたら、そのキーワードは「楽しく」「安全に」です。

強いチームのなかには、目先の勝利にこだわるあまり、子供の体に負担をかけるような練習やトレーニングを行っているケースもあります。また、強くないチームにも、そういう“危険な”指導者がいる場合もあります。

見学に行ったときには、そのチームの子供たちが楽しそうにスポーツをしているか、指導者が子供たちの体や心のことをじゅうぶんに勉強し、またその経験を生かした指導を行っているかをしっかり見きわめる必要があります。

この年代の子供たちには、競争心も芽生えてきます。強さに目がいき、危険なチームを選ぶケースもあるでしょう。そんなときは「そこはダメだ」と一方的に決めつけるのではなく、理由を話し、子供たちが納得したうえで違うチームを選ぶよう導《みちび》いてください。

そして、大人への「負担」も考慮する必要があるでしょう。経済面はもちろん、練習の手伝いが当番制になっているケースもあります。水を買い出しに行き、弁当を手配するなどのチームの雑務を当番制にして強制するケースもあります。ことの善し悪しはケースバイケースですが、そういう負担もあるということを知っておいてください。

◆あとがき

私が子供だった昭和40年代、家の近くには空き地や公園がたくさんありました。私は学校から帰るとランドセルをほうり投げ、一目散にそこへ向かい、友達と鬼ごっこや缶蹴り、メンコ、相撲などをしてクタクタになるまで遊んでいました。人の家のブロック塀《べい》の上を歩いたり、木登りをして落ちそうになったりと、多少、危ないめにも遭《あ》いました。

そんな遊びのなかで、私がいちばん好きだったのが野球でした。人数はその日によってバラバラ。グローブも貸し合って使い、ボールがどこかへ行ったといっては草むらを探すなど、野球のプレー以外の部分も含めて、とても楽しい遊びだったのです。

その楽しさが高じて少年野球チームに入り、高校・大学の野球部、そしてメジャーリーグのコーチにもなりました。その間、つらいこともたくさんありましたが、現在もコンディショニング・ディレクターとして野球とかかわっていられるのは「野球が好き」「野球はおもしろい」という子供時代の経験があったからです。

それを再認識させてくれたのが、メジャーリーガーたちです。彼らはトップアスリートでありながら、心の中にはいつも「少年」を持っています。プロという厳しい世界にいても、ユニフォームにそでを通したとたん、“野球小僧”に戻り、大好きな野球を楽しんでいるのです。そんな彼らのプレーを見れば、観客も大喜びするのは当然でしょう。

野球に限らず、「スポーツが好き」「体を動かすのが楽しい」というトップアスリートはたくさんいます。むしろ、その気持ちを持っているからこそ、トップまで登りつめることができたに違いありません。

先日、イタリアのトリノで行われた冬季オリンピックで活躍した選手たちも、成績のいかんにかかわらず、口々に「楽しく滑れました」「(スキーやスケートが) ますます好きになりました」といっていることからも、それは明らかです。

この「楽しい」「好き」ということが、スポーツの上達、あるいはスポーツを続けるうえでとても重要になります。

ゴールデンエイジという時期は、まさにそんな気持ちを育てる格好の期間です。子供たちは「体を動かすことが楽しい」からスタートし、好きなスポーツ選手を見つけてあこがれるようになります。「あの選手みたいになりたい」と思えば、自分から練習やトレーニングをするようになり、どんどん上達します。

そんな子供たちのなかからプロの選手やオリンピック選手も生まれてくるでしょう。また、トップアスリートを育て、サポートすることに情熱をそそぐ道を選ぶ人もいるはずです。

そう考えると、2〜12歳のゴールデンエイジには、スポーツのすべての要素が凝縮されているといえるでしょう。この年代の子供たちは、まさに金の卵です。その金の卵が割れたりつぶれたりしないよう大切に温めることが、私たち大人の役割です。

本書では、ゴールデンエイジを三つの年代に分け、それぞれの時期の特徴や、適した運動メニューを解説しています。メニューについては、紹介したものに工夫を加えて行ってもかまいません。ただし、あくまでも楽しく、安全にです。

本書の冒頭で「その人の20歳の運動神経は10〜12歳で決まる」と、ショッキングなことを述べましたが、子供たちは大人が思っている以上に、自分自身で成長していくものです。あせらずあわてず、金の卵を温めるように、最低限で最高のサポートを子供たちにしてあげてください。

私も野球に限らず、スポーツが大好きな少年少女、そしてお父さん、お母さんを育てるお手伝いができればと思っています。

2006年、サクラの季節に

著者記す

◆監修者あとがき

スポーツ整形外科には、肩やひじが痛くてボールが投げられない投手、ひざが痛くてボールを蹴れないサッカー選手など、スポーツによる障害で悩む中学生、高校生がたくさん来られます。彼らはクラブチームや学校の部活に所属し、野球やサッカー、バレーボールなどで、全国大会の制覇やプロの選手になることを目標にしています。ところが、その練習中に肩やひじ、腰、ひざをこわし、一時的にせよ大好きなスポーツができなくなってしまったのです。

そういった子供たちに共通するのは、小学校低学年のころから、野球なら野球、サッカーならサッカーと、一つのスポーツを集中して行ってきている点です。さらに、親や指導者に「筋肉をつけろ」といわれ、バーベルやダンベル、マシンなどを使ってウエイトトレーニングを行ってきたというケースも少なくありません。

彼ら中高生が来院するのは、障害が悪化して痛みの限界に至ったからです。しかし元を正せば、ある一つのスポーツを専門的に行ったり、過度な負荷《ふか》をかけてウエイトトレーニングをしたりしたため、すでに小学生のころから肩やひじ、ひざを使いすぎているのです。

小学生の場合、親や指導者にはなかなか逆らえません。そのため、将来の伸びしろがこの時期につくられることを知らない大人たちによって、子供たちの将来がつぶされているわけです。試合に負けた

SCAではさまざまな年代の子供たちがトレーニングを行っている

悔しさ、練習のつらさはスポーツができてこそ。大好きなスポーツが障害でできないことほど悲しいことはありません。

ふえる一方のスポーツ障害に悩む中高生に危機感を持った私は、彼らの治療とリハビリテーション（機能回復訓練）を行うとともに、小学生の時代にきちんとした運動やトレーニングを行わせなければ、と考えました。そして、本書の著者である立花《たちばな》龍《りゅう》司《じ》氏に協力を依頼し、病院内にSCA（ストレングス・アンド・コンディショニングアカデミー）というトレーニング＆リハビリ施設をつくりました。

本書でも紹介されているように、12歳くらいまでの子供は「ゴールデンエイジ」と呼ばれています。この時期は筋力や持久力はあまり発達しない代わりに、運動神経が急激に発達します。

そんな時期に大切なことは、いろいろな遊びや運動をして、体の動きを刺激として脳に伝えることです。その刺激によって運動神経の回路がどんどん広がり、将来、何かのスポーツを行ったときに“上手さ”として現れてきます。ですから、ゴールデンエイジの子供たちは、何よりも運動神経を伸ばすことが大切なのです。

「急がば回れ」ということわざもあるとおり、ゴールデンエイジの子供たちには急がせず、彼らの将来を考えてじっくりとスポーツ選手になる基礎づくりをサポートしてあげてください。

阪堺病院副院長・整形外科部長　大木《おおき》　毅《たけし》

【大木 毅先生のプロフィール】

1965年、大阪府生まれ。91年、川崎医科大学卒業後、大阪市立大学医学部整形外科学教室に入局。大阪労災病院、大阪市立弘済院付属病院、大阪市立大学医学部附属病院をへて、97年より阪堺病院に勤務。現在に至る。日本整形外科専門医、日本医師会認定健康スポーツ医、日本整形外科スポーツ認定医、日本整形外科脊椎脊髄病医。

参考文献

『個性を引き出すスポーツトレーニング』立花龍司著　岩波書店
『ジュニアのためのベースボールコンディショニング』　立花龍司著　日刊スポーツ出版社
『わが子をプロ野球選手に育てる本』栗山英樹監修　立花龍司・真下一策・児玉光雄・海老久美子共著　マキノ出版
『遊YOUキッズ　ベースボール』牛島和彦著　ベースボール・マガジン社
『もっともっと運動能力がつく魔法の方法』東根明人・宮下桂治共著　主婦と生活社
『子どもの運動能力を引き出す方法』佐藤雅弘著　講談社
『どの子ものびる運動神経　幼児編』白石豊・広瀬仁美共著　かもがわ出版
『どの子ものびる運動神経　小学生編』白石豊・川本和久・吉田貴史共著　かもがわ出版
『どの子ものびる運動神経　指導者編』白石豊・星香里共著　かもがわ出版
『運動神経をよくする　親が教える体操ドリル』城間晃監修　MC プレス
『スポーツ万能　キッズ・トレーニング』冨永典子監修　池田書店

立花龍司（たちばな・りゅうじ）
1964年、大阪府生まれ。大阪商業大学経済学部卒業後、天理大学体育学部でスポーツ医学を専攻。89年、近鉄バファローズにコンディショニングコーチとして入団。94〜96年、千葉ロッテマリーンズのコンディショニングコーチをへて、97年に日本人初のメジャーリーグコーチとしてニューヨーク・メッツと契約。98〜2000年、千葉ロッテマリーンズと再契約。05年10月、東北楽天ゴールデンイーグルスのコンディショニング・ディレクターに就任。07年より千葉ロッテマリーンズのヘッドコンディショニングコーチ。阪堺病院SCAでの活動を中心にコンディショニングの普及に努めるとともに、筑波大学大学院にてスポーツ医学の研究にも携わり、08年7月に修士課程を修了。

大木　毅（おおき・たけし）
1965年、大阪府生まれ。91年、川崎医科大学卒業後、大阪市立大学医学部整形外科学教室に入局。大阪労災病院、大阪市立弘済院付属病院、大阪市立大学医学部附属病院をへて、97年より阪堺病院に勤務。現在に至る。日本整形外科専門医、日本医師会認定健康スポーツ医、日本整形外科スポーツ認定医、日本整形外科脊椎脊髄病医。

運動神経は10歳で決まる！

平成18年4月24日/第1刷発行
平成20年10月7日/第8刷発行

著　者　立　花　龍　司
発行者　梶　山　正　明
発行所　株式会社マキノ出版

〒113-8560　東京都文京区湯島2-31-8
☎03-3815-2981　振替00180-2-66439
マキノ出版のホームページ　http://www.makino-g.jp

印刷所
製本所　図書印刷株式会社

ISBN978-4-8376-7056-8

立花龍司の好評既刊

『わが子をプロ野球選手に育てる本』

立花龍司・真下一策・児玉光雄・海老久美子共著
栗山英樹監修
定価1365円（税込）

小・中・高生とその親御さん、そして指導者を対象に、「フィットネス」「スポーツビジョン」「メンタルトレーニング」「食事」の面から、それぞれの専門家が、将来プロ野球選手になるために必要なトレーニング法と生活法を解説した一冊。豊富なイラストと写真を参考に、今日から実行に移せば、第二のイチローが誕生する日も遠くないだろう。監修は元ヤクルトの栗山英樹氏。

株式会社マキノ出版　販売部
〒113-8560　東京都文京区湯島2-31-8　☎03-3815-2981　振替00180-2-66439
お近くに書店がない場合は、「ブックサービス」（☎0120-29-9625）へご注文ください